幸せのメカニズム

実践・幸福学入門

前野隆司

講談社現代新書

2238

目次

序章　役に立つ幸福学とは

科学技術は人を幸せにしたか？

私は幸福学の研究をしています。もともとは、ロボットや脳科学の研究者でした。「前野さんがなぜ幸福の研究を？」そう聞かれることがあります。一言でいうと、ロボットの幸福よりも、まずは人間の幸福のメカニズムを明らかにしなければ、という思いに駆られたから。

若いころ、私はエンジニアでした。カメラのモーターや、ロボットハンドを作っていました。なぜエンジニアになったのか。それは、子供時代に以下の話をよく聞いたからです。

日本は小さな島国で、資源もない。だから、科学技術の力で、新しいモノを創り、工業の力で国を繁栄させなければならない。モノが豊かになれば、国は豊かになる。

純真な少年だった私はそれを真に受け、エンジニアとして生きることを決めました。企業ではカメラ、大学ではロボットの開発に携わりました。楽しかったし、自分が開発したモーターの入ったカメラが世界中の人に愛用されているのを見ると、これはもう、幸せでした。技術者冥利《みょうり》につきるというものです。

しかし、科学技術は本当に人々を幸せにしたでしょうか。

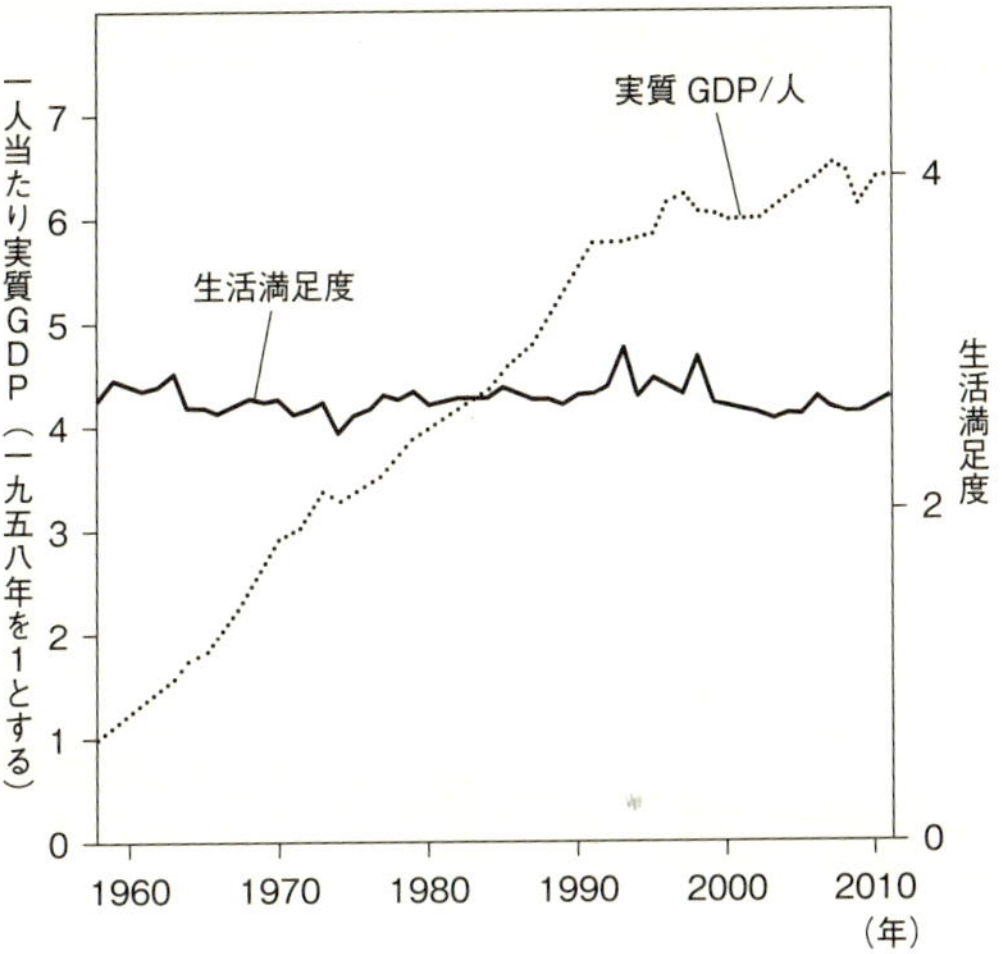

図1　生活満足度と一人当たり実質GDPの推移

確かに日本のGDP（国内総生産）は増えました。モノは豊かになりました。少なからず科学技術はこれらに貢献したと考えるべきでしょう。一方で、過度な科学技術の進歩が地球環境問題を導いた側面もあります。公害、原発事故、交通事故など、現代社会が抱える多くの問題は、科学技術の進歩に端を発しているのではないでしょうか。科学技術は、緑の地球を、コンクリートと二酸化炭素で満たしてしまった元凶という見方も吟味すべきではないでしょうか。

図1を見てください。衝撃的なグラフです。いくら実質GDPが増えても、日本人は幸せになっていないのです。

実質GDPは、ざっと、五十年で六倍。

一方、生活満足度は横ばいです。生活満足度というのは、生活への満足についてアンケートを行った結果です（あとで述べますが、生活満足度は幸福度の指標のひとつとみなされています）。

つまり、人々の幸せ（生活満足度）は、高度成長期（一九五四～一九七三年）だろうと、オイルショック（一九七三～一九七四年）だろうと、バブル景気（一九八六～一九九一年）だろうと、失われた二十年（一九九一年からの二十年）だろうと、リーマンショック（二〇〇八年）だろうと、あまり変わっていないのです。

私は科学技術の進歩とそれに基づく豊かさの向上こそが人々を幸せにすると信じてエンジニアになったのに、なんと、終戦直後の一九五〇年代と最近とで、幸せ度は変わらないのです。

エンジニアは何をしてきたのか。ショックでした。足をすくわれた思いでした。私がいくらいいカメラやロボットを作っても、人々の幸福に貢献していないかもしれないなんて。

ロボットより人間の心を

こんな不条理な世界の中で、私が幸福の研究をしようと思ったもうひとつの理由は、ロボットの心を作るよりも、人間の心を明らかにすべきだと思ったからです。

私は、大学に移ってから、ロボットの心に関する研究も行ってきました。ロボット研究の目的はふたつあります。「人間社会を便利にするため」と「人間を理解するため」。

前者は、組み立てロボットから家事ロボットまで、ロボットが工場や社会に入ることにより、さまざまな産業に貢献することを目指します。産業界におけるロボットの開発や研究はこちらに含まれます。一方、大学研究者の一部が興味を持っているのは、人に似せてロボットを作ってみることにより、人間を理解するというやり方。

私が行ってきた研究は、後者です。笑ったり喜んだりするロボットの心のアルゴリズムを作ってみることによって、人間が笑ったり喜んだりすることを理解する。そんなやり方を試みてきました。

その結果、笑わせたら笑うロボットは作れました。面白いですよ。笑うロボット。幸せロボットですね。しかし、むなしい。

ロボットは、実は、笑ったふりをしているだけなんです。本当にうれしいわけではない。幸せなわけではない。ようするに、嘘《うそ》なんです。偽物です。人間理解のためのロボット研究は人間の偽物作りでもあるわけです。

本物の研究をしたい。偽物の幸福を作っていても、本物の幸福には迫れない。人々は、みんな、幸福になりたいはずだ。もちろん、私も。だったら、ロボットの幸せを通して人の幸せを理解するなどというまどろっこしいことを言っていないで、ダイレクトに、どうすれば人は幸せになれるのか、そのメカニズムの研究をすべきではないか。

だから、幸福の研究をしようと思うようになりました。哲学や心理学の研究とは違って、工学者らしく、直接的に人の役に立つことを中心に据えた幸福学を目指すことにしました。工学とは、物理学や数学などの基礎学問の成果を、人々の役に立つ形で応用する分野です。物理学や数学の成果は、人々の知的好奇心を刺激するし、人類の知の集積には寄与しますが、そのままでは役に立ちません。哲学や心理学における幸福研究の成果も、人の心についての知の集積にはなりますが、直接人々の役に立つものではありません。そこで、人々が実際に活かせる幸福学をやろう。そんな思いに至ったのです。

哲学や心理学における幸福研究とは異なり、幸福を体系として理解し、人々の幸福度向上に役立てることを目指しています。

幸せ研究を体系化する

後で述べますが、これまでの幸福学はバラバラで、それぞれの研究者が思い思いにそれぞれの研究成果を蓄積していました。全体統合的ではなかった。もちろん、学問の進歩のためにはそのような狭く深くというやり方は有効です。しかし、その成果を社会で活かすためには不十分です。

　たくさんの研究者による多くの幸せ研究を体系化したい。そして、幸せになるための人間の心のメカニズム全体を明らかにし、それを人々にお伝えしたい。バラバラではなく、体系化されているから、老若男女、誰にでも理解でき、誰もが明確なやり方で正しく幸せを目指せる、というようにしたい。究極的には、世界中の人々が、争ったり妬《ねた》んだりしないで、みんなで幸せを目指すような、明日の世界に貢献したい。

　また、仕事にも活かせるようにしたい。たとえば、人々がどうなれば幸せなのかがわかれば、マーケティングに活かせます。これまでのマーケティングは、人々が欲するものを提供しようとしてきましたが、一歩進んで、「人々自身は自分が欲しているということすら気づいていないけれども、それを提供すると実は人々が幸せになれる」といったような幸福貢献型の製品やサービスが作れるかもしれない。使っていると、思わず幸せになってしまう、というような。

　製品やサービスの開発の際に、マーケットイン、ユーザーエクスペリエンス、ニーズ重視設計、人間中心設計など、顧客の声を聞いて設計・開発をしようという考え方が現代の大きな流れとなっています。しかし、まだまだ、顧客を単に群としての顧客と考えていて、個性的で繊細な心を持った生きる人間とは捉えていないように思います。真の人間中心設計は、それぞれの人間の多様な幸福に対して草の根的に直接響くものでなければならない。だとすると、やはり、幸福学を体系化し、その知見を製品やサービスの設計・開発に活かさなければならない。そして、これまで、人々の幸せに直接はつながっていなかった製品・サービスの開発を、幸せに資するものにしていかねばならない。

もっといえば、世界中のあらゆる仕事はそもそもみんな幸せにつながっているべきではないか。私たちは、それぞれの仕事がどのように人々の幸せにつながっているのか、そのメカニズムを理解し実践することに対し、これまであまりに無頓着だったのではないか。それぞれの仕事が、まわりまわって、社会と自分をどのように幸せにするのか、その仕組みを皆がもっと理解すべきではないか。もっと、みんなが幸せになるように、仕組みを作り込んでいくべきではないか。

つまり、人間それぞれの幸福追求のために、そして、幸せにつながる多様なビジネスのために。そんなさまざまな場で有益な、人類にとって役に立つ学問としての体系的幸福学。全体として、世界のみんなのことを考える学問。そんな、これまでにない実践的な学問が必要なのではないか。そういう思いで幸福学研究を行っています。本書では、その基本について述べたいと思います。

幸せは多様か、単純か？

根本に立ち返ってみましょう。そもそも、幸せって、何でしょう？

私は、幸せの研究をしている関係上、「幸せって、何だと思いますか？」と、いろいろな方にお聞きすることがあります。すると、面白いことに、百人百様の答えが返ってきます。

「十分なお金があること」
「夢をかなえること」
「好きな人と一緒にいられること」
「楽しいイベントがたくさんあること」
「平穏で何もないこと」
「今を思いっきり生きること」
「死ぬ瞬間に、ああ、いい人生だったと思えること」
「そもそも人それぞれなので、定義できない」

「幸せ」の面白いところは、誰にでも身近なテーマだということ。みんな一度は幸せについて考えたことがあるのではないでしょうか。人それぞれ、みんな、様々な考えを持っておられる。みんな幸福学者です。しかし、幸福は、本当にそんなに多様なのでしょうか。バラバラで、人それぞれなのでしょうか。

ロシアの文豪トルストイは、小説『アンナ・カレーニナ』の冒頭で、

「幸福な家庭はみな似通っているが、不幸な家庭は不幸の相もさまざまである」

と書きました。確かに、幸福な家庭を想像してみると、暖かい家に家族みんなが笑顔で平穏に過ごしているようなイメージが想い浮かびます。一方、不幸は多様です。悲しみ、苦しみ、怒り、嫉妬《しっと》、憎しみ、あきらめ。いろいろあります。

幸福と不幸は、一見、反意語のようですが、非対称なのです（図2）。

では、幸せの形は、多様ではなく、一つなのでしょうか。

私は、どちらも正しいと思います。詳しく見ていくと、人それぞれの幸せの形はバラバラだけれども、人間は進化によりデザインされた生物である以上、誰もが共有できる、統合された幸せのイメージというのはあるのではないか。人々はまだその統合イメージを明確な形で共有していないから、争ったり、妬んだり、憎んだり、悲しんだりを繰り返しているのではないか。世界共通の幸せの全体像を学問として明らかにし、みんな（あらゆる人々）がそれを共有できれば、みんながもっと幸せになれるのではないか。

図2　幸福と不幸は非対称

こんなことを書くと「万人の救済」を目指す宗教の話みたいに思われるかもしれませんが、そうではなく、幸せになるための基本メカニズムを学問的に明らかにし、それをもっとみんなに広めることができないだろうか、ということなんです。

幸せの基本メカニズム

想像してみてください。世界中のみんなが幸せな世界。戦争も、争いも、憎しみも、苦しみもない世界。

ただ平穏で退屈な世界、ということではありません。競争はある。

しかし、それは各人が生き生きと自分の良さや自分が作ったモノやコトの良さを比べて切磋《せっさ》琢磨《たくま》しているのであって、決して人をうぬぼれとねたみに分けるためではない。

幸福の形は個人個人異なるが、そこに至るメカニズムの共通性を皆が知恵として共有している世界。尊敬しあいながら、大いに競争もする世界。

繰り返しますが、私は「幸せは多様だが、しかし、基本メカニズムは単純なのではないか」という立場です。画一的ではなく、多様性をベースとする共通基本メカニズムを共有し、共感する世界を築けるのではないか。人間の脳が幸せと感じるための基本的なメカニズムを明らかにして、それをもとに、全体幸福への道筋を明確化したい。ひとりの学者兼活動家として。

そんなことは無理だ。世の中には不幸があふれている。誰かが幸せになれば、その反動で、誰かは不幸せになる。そう考える方もおられるかもしれません。

確かに、過去の幸福学の知見によると、人は「他人との比較で幸福と感じる傾向」を持っています。このため、放っておくと、不幸はなくなりません。しかし、後で詳しく述べますが、「人との比較による幸せ」は、長続きしない幸せであることが知られています。そんな幸せを目指すのは、人生の時間の無駄です。

あるいは、脳の認知特性から幸せを論じることに違和感を覚える方もおられるかもしれません。人の心は、そんなふうに測れるものではない。もっと深遠で、人それぞれ多様に生き生きと暮らしているのであって、杓子《しゃくし》定規に論じられるものではない。

だからこそ、体系的幸福学なのです。人類の現代の知を結集して、幸福に生きるとはどういうことなのか、認知科学や心理学を援用して、科学的に明らかにしたい。

人は、一人ひとり、多様で個性的だから、それぞれの良さを生かしながらそれぞれの幸せを見つけていってほしい。そのためにこそ、幸せの基本メカニズムを明らかにし、それを皆で共有したい。そうすれば、誰もが幸せになれるポテンシャルを持っている。そう思うのです。

幸福はダイエットと似ている

ダイエットの基本は「気合いでやせること」ではありません。最初に、やせるメカニズムを理解することが大切です。

「筋肉を作れば代謝が増える」というからだの特性の理解。「人間はついつい食べ過ぎる」という脳の特性の理解。「急にやせるとリバウンドする」というからだと脳の相互作用の理解。「炭水化物は脂肪に変わる」という科学的事実の理解。システムとしてダイエットの全体像を理解してから実践すればやせられます。

しかし、一部しか理解していなかったり、表面的にしか理解していなかったりすると、挫折したり、不健康で不適切なダイエットをしたり、精神的に疲れしたりします。もちろん、知識だけではぜんぜんだめで、実践が極めて重要です。体質はそれぞれ違いますので、ダイエット法の向き不向きもある。だから、試してみないとどれが自分に合うかわからない。

知識と実践のバランス。幸福とダイエットはよく似ています。

幸福のメカニズムを理解しないまま独り合点し、間違った幸福を目指した結果、リバウンドしてより不幸になったり。一部の幸福だけを目指した挙句、バランスが悪くて長続きしなかったり。そのうち幸福になるだろうと幸福についてたかをくくっていたら、どんどん不幸が積み重なっていったり。どうせ幸福は人それぞれで、みんなに合う幸福法なんてあるわけがない、と放っておいたために幸福に縁がなかったり。

私も、半世紀も生きているといろんなことがありました。子供のころのいじめ。けんか。嫌がらせ。孤独。挫折。失恋。病気。わかってもらえないことの悩み。うらぎり。自信喪失。不条理な事故。人間関係の悩み。そして、大切な人との永遠の別れ。

なんて、人生は不幸に満ちているのでしょう。どれだけ、泣いたことでしょう。どれだけ、理解されないことのやるせなさに、心の中で叫んだことでしょう。どれだけ、うつむいて、進むべき方向を見失っていたことでしょう。

しかし、今は幸せです。いま思えば、長い時間をかけて、本書で述べるような、幸せの四つの因子を見つけ、自分のものにしてきたから。

幸せのメカニズムを知らないと、ひとつひとつ不幸を体験し、それらをひとつひとつ克服しなければ、幸福の階段を上っていくことはできません。だから、時間がかかります。何十年もかかります。いや、何十年かけても、たどり着かないこともあります。

しかし、幸せの全体構造を理解していたら。そうです。幸せな人生への近道だと思うのです。だから、幸福学のエッセンスについて、わかりやすく、具体的にお伝えしたい。これが本書の目的です。

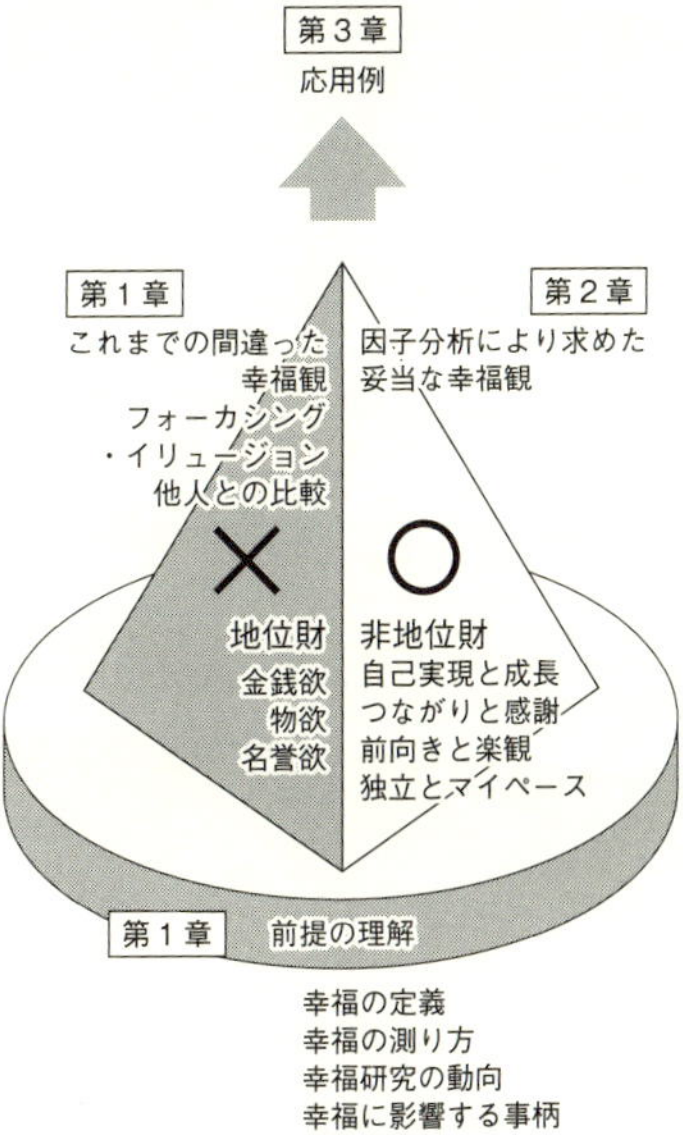

図３　本書の構成

明日からの幸せな世界のために

本書の全体像は、図3に描いたような構造になっています。

第1章では、まず、図の下側に書いたように、前提知識として、幸福の定義、測り方、世界的な研究動向、および幸福に影響する事柄、主に心理学の分野で行われてきた幸福研究の成果とその限界について述べます。この章を読めば、現在の幸福研究の概要を理解することができます。

はじめに、これまで多く行われてきた「幸福と何が関係するか」という要素還元的研究結果を述べます。しかし、前述のように、結局全体としてはどういうことで、どうすれば実際に人々が幸せになるために、それら個別の研究成果を活かせるのか、という体系としての幸福学は不足しています。

また、図3の左側に書いたように、フォーカシング・イリュージョン、他人との比較など、幸福について語るときに欠かせないいくつかの知見についても解説します。一言でいうと、人は、金銭欲、物欲、名誉欲などに目がくらみ、目指すべき方向を間違ってしまいがちな生き物である、ということを。

第2章では、私のグループが行った幸福学の一つの研究成果に的を絞って述べます。図3の右側。幸福の因子分析の結果です。

因子分析は、多変量解析の一種で、心理学者、工学者などが使う分析方法のひとつです。あとでもう少し詳しく説明しますが、要するに、幸福の要因を、複数の軸を張った空間内に配置するために、その軸を求める方法です。一言でいうと、幸福の因子を求める方法（それぞれの軸＝因子）です。

具体的には、私たちが行った幸福の因子分析の結果、「やってみよう！」因子（自己実現と成長の因子）、「ありがとう！」因子（つながりと感謝の因子）、「なんとかなる！」因子（前向きと楽観の因子）、「あなたらしく！」因子（独立とマイペースの因子）という四つの因子が得られました。これらについて詳しく述べます。

第3章は応用編です。第1章で述べた様々な幸福研究成果と第2章で述べた幸福の四つの因子から見て、世の中はどうなっていくのか、どうすべきなのか、について考察します。

具体的には、少子高齢化社会と幸せ、創造と幸せ、教育と幸せについて述べます。北海道十勝平野で紫竹《しちく》ガーデンを経営されている紫竹昭葉《あきよ》さんも登場します。

本書は、誰にでもわかる学術書です。一般の方にも学術界の方にも幸福学の現在を的確に知っていただくための書を目指して執筆しました。本書を読むことによって、幸福のメカニズムを体系として理解してもらえればと願っています。私は、人々のあらゆる営みは幸せにつながるべきだと思います。本書が、ものごとと幸せとがどのようにつながるべきかの共通認識の基盤となり、皆で幸福社会を創っていくための土台になれば、こんなにうれしいことはありません。

第1章　幸せ研究の基礎を知る

1　幸せの意味

幸福とタイムスパン

この章では、これまでの幸せ研究の成果をお話ししましょう。

その前に、まず、幸せの定義について考えてみましょう。辞書（広辞苑第六版およびジーニアス英和大辞典）で関連しそうな単語を引いてみると、以下のようになっています。

【幸福】　心が満ち足りていること。また、そのさま。しあわせ。
【幸せ】　幸福。好運。さいわい。また、運が向くこと。
【happy】　幸福な、幸せそうな、楽しい、友好的な、うれしい、喜んで…する
【嬉しい】　はればれと喜ばしい。こころよく楽しい。
【楽しい】　満足で愉快な気分である。快い。豊かである。富んでいる。
【満足】　十分なこと。完全なこと。望みが満ち足りて不平のないこと。
【安寧】　世の中が穏やかで平和なこと。安泰。
【well-being】　幸福、福利、健康

それぞれについて考えてみましょう。

まず、「幸福」と「幸せ」。微妙にニュアンスが違いますよね。音読みの幸福の方が改まった感じがします。しかし、辞書を見ると、幸福の説明にしあわせ、幸せの説明に幸福と書かれているので、本書では同義と捉えることにしましょう。

英語のhappyは、幸福という意味と、うれしい、楽しいという意味を含んでいます。幸福は、人生が幸福である、というようにロングスパンの心の状態であるのに対して、うれしい、は気分や感情を表します。うれしいを辞書で引くと、喜ばしい、楽しい、とあります。これも感情ですね。楽しい気分、幸せな気分、というように、気分はタイムスパンの短い心の状態を指します。楽しい、悲しい、怖い、などが感情ですが、感情はさらに短いスパンの心の動きを表します。

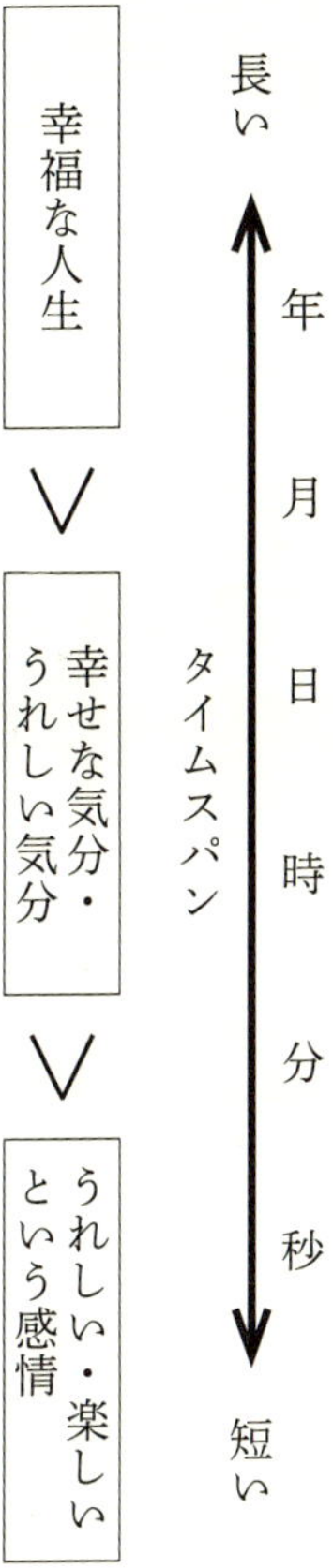

時代をさかのぼると、古代ギリシャ・ローマでは、幸福に関するふたつの考え方があったといいます。幸福主義（eudaimonism）と快楽主義（hedonism）です。前者は人生にわたっての幸福を目指すべきだという考え方であり、後者は刹那《せつな》的な快楽の繰り返しが幸福だと考えるものです。それぞれ、長期スパン・短期スパンのhappyに対応しているように見えますね。

つまり、「happiness」という英単語は、人生の幸福から楽しくうきうきした感情まで、広い意味を含む一般用語です。これに対し、心理学の分野では、well-being（ウェルビーイング）という言葉が使われてきました。

well-beingは、辞書によると、幸福、福利、健康とあります。幸福よりも広い意味ですね。実際、ＷＨＯ（世界保健機関）では健康という意味でwell-beingが使われています。韓国でも最近、健康という意味で広く使われていますね。

よって、幸福とwell-beingは同じ意味ではないのですが、欧米における幸福研究とは、一般にはwell-being studyのことをさします。well-beingとは、良い状態であること（being well）ですから、本当は「良好状態学」とでも訳すのが適切なようにも思いますが、本書では「well-being study」を幸福学と捉えることにします。

最近では、二〇〇〇年に*Journal of Happiness Studies*という学会誌が刊行されるなど、ハッピネス・スタディーという言葉も使われます。ただし、この学会誌のホームページには「*Journal of Happiness Studies* は主観的 well-being の科学的理解のための学際的ジャーナルである」と書かれています。要するに、国際的には、幸福学のことを happiness study ということもあるものの、基本的には well-being study と呼ぶ、というわけです。

言語で異なる幸せのイメージ

ちなみに、日本語の「幸せ」はもともと「し合わせ」でした。「し」は動詞「する」の連用形。つまり、何か二つの動作をして、合わせること。「めぐり合わせ」に近いでしょう。何かをしている自分に別の何かが重なり合うことが「し合わせ」の定義でした。つまり、昔は「し合わせ」にはいい意味も悪い意味もあったのです。偶然めぐり合った、良い運命も悪い運命も「し合わせ」。ところが、いつしか、いい意味だけが使われるようになりました。

そういう意味では、繰り返しますが、国や言語が違うと幸せのイメージも異なると言わざるを得ません。

ある著名な米国人教授と英語で話していたときのこと。私は自分の幸福研究について説明していました。

「私はhappinessの研究をしている。よりよい人生のためにhappinessは大事だと思うから」

もちろん、「幸福」を英訳して「happiness」と言っているつもりでした。これに対する教授の返事が衝撃的だったのでよく覚えています。

「私は、人生においてhappinessよりも大事なものがあると思う」

ああ、この人は、幸福でなくても、何かにストイックに打ち込んだり、何かを解明したりできればいい、という考えの人なのかな、と思いました。そこで聞き返してみました。なぜそう思うのか、と。すると答えは、予想とは違うものでした。

「happinessはドラッグや酒でも得られるものだが、そんなことでhappyになっても、いい人生だとは思わない」

私だって、ドラッグや酒によってハイになることを目指すのが幸福だなんて思っていません。人生の幸福、というような長期スパンの幸福の話をしたくて、幸福をhappyと訳していたのです。なのに、なんという誤解。

私は思い知らされました。ああ、「happy」と「幸福」は違うのだ、と。

日本語だと、「ドラッグや酒で楽しい気分になる」とは言っても、「ドラッグや酒で幸せになる」とはあまり言いませんよね。ところが、前に述べたように、「happy」は短期的な感情までを含むのです。

だから、注意が必要です。日本語の「幸せ」と、「happiness」や「well-being」は意味が違うのだと。増してや「し合わせ」となるとさらに違うのだと。

2　幸せの測り方

主観的幸福と客観的幸福

幸福（well-being）研究には、主観的幸福（SWB, subjective well-being）研究と、客観的幸福（OWB, objective well-being）研究があります。

本書で主に取り上げるのは、前者。各人の主観的な幸福感を、統計的・客観的に見ていきましょう、という分野です。ただし、後で述べるように、主観的な申告に依存するので、その人の気分やその人の置かれた環境の影響を受けてしまうという問題があります。このため、学術界でも、主観的な幸福は学問の対象にならないと考えられがちでした。心理学の分野で、幸福感のような主観的な概念が研究対象と考えられるようになったのは、一九八〇年代くらいからです。

一方、客観的な幸福研究とは、何か客観的なデータを使って間接的に幸福を測りましょう、という方法です。主観的な幸福感を聞くのではなく、収入、学歴、生活の状況、健康状態、笑い声の大きさ、脳機能計測など、幸福に関係しそうな指標を何らかの形で客観的に計測しようとするものです。今挙げたように、測る方法はさまざまです。

客観的幸福研究は、客観的なデータが得られるので良さそうなものですが、幸福を直接測っているのではないという問題があります。収入が多いと幸福そうだからと収入を測ってみても、本当に収入が多い方が幸せなのか、結局主観的な幸福を調べて比べてみないと客観的な幸福の妥当性はわからないという問題があります。「収入と幸福は関係するのか」「学歴と幸福は関係するのか」「笑い声の大きさと幸福は関係するのか」のように、客観的幸福と主観的幸福を比べてみてようやく客観的幸福の妥当性はわかるわけです。そういう意味からも、主観的幸福の計測は重要です。

そこで、主観的幸福の研究について述べましょう。まず、主観的幸福研究では、幸福をどのような指標で測るのでしょうか。

主なものに「幸福度」「生活満足度」「ディーナーの人生満足尺度」「感情的幸福」があります。いずれも、アンケート調査による幸福の定量化（数値化）です。

「幸福度」とは、直接「あなたは幸福ですか？」と質問し、とても不幸せ／かなり不幸せ／やや不幸せ／どちらでもない／やや幸せ／かなり幸せ／とても幸せのような何段階かで答えてもらうというもの。

「生活満足度」は、同様に、生活満足について答えてもらうというもの。幸せと生活満足は少しニュアンスが違いますが、それなりに近い概念でもありますので、一般に主観的幸福の指標と考えられています。

「幸福度」と「生活満足度」を測る際には、どちらも多くの人の回答を統計処理して、平均値を求めたり、他の指標との相関を求めたりします。

ディーナーの人生満足尺度

しかし、ひとつの質問で幸福度や生活満足度を答えてもらうのでは精度が低いだろうし国際比較も難しいだろう、と考え、五つの質問をして回答の合計から人生満足度を測ろう、というのが、エド・ディーナーらが開発した人生満足尺度（SWLS, Satisfaction with Life Scale, Diener *et al.*, 1985）です。ディーナーは二〇〇八年まで三十四年間イリノイ大学の教授だった、幸福学の父とでもいうべき人です。人生満足尺度は、幸福を測る研究で広く使われています。本書では「ディーナーの人生満足尺度」と呼ぶことにしましょう。

質問と回答方法は、以下の通り。回答欄を設けましたので、皆さんもやってみてください。

1 全く当てはまらない
2 ほとんど当てはまらない
3 あまり当てはまらない
4 どちらともいえない
5 少し当てはまる
6 だいたい当てはまる
7 非常によく当てはまる
のいずれかを答えてください

1 ほとんどの面で、私の人生は私の理想に近い □
2 私の人生は、とてもすばらしい状態だ □
3 私は自分の人生に満足している □
4 私はこれまで、自分の人生に求める大切なものを得てきた □
5 もう一度人生をやり直せるとしても、ほとんど何も変えないだろう □

五つの数字の合計は？ □…A

みなさんの合計点は何点でしたか？

私たちが十五歳から七十九歳までの日本人千五百人に対して行ったウェブでの調査（二〇一一年）では、平均は18・9点でした。図4を見てください。日本人千五百人の点数分布です。

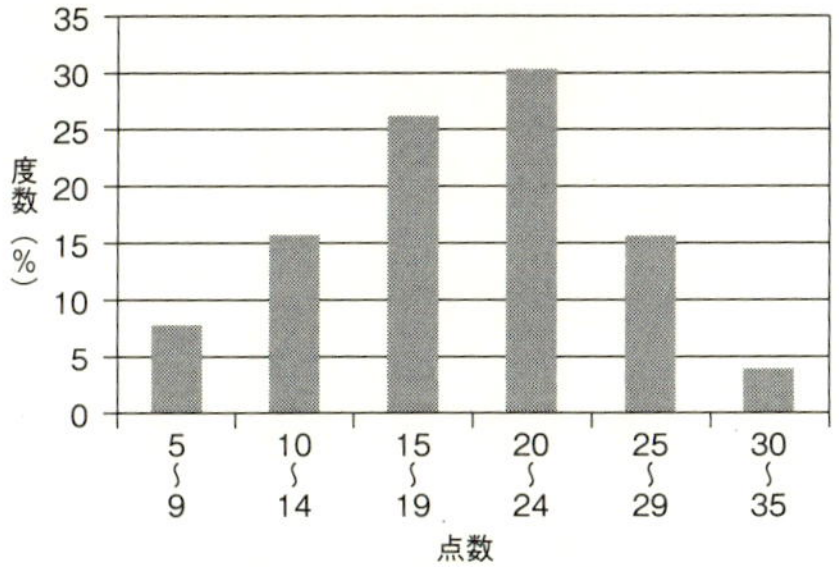

図4　「ディーナーの人生満足尺度」のヒストグラム
2011年の日本人1500人への調査結果

また、『幸せを科学する』（大石繁宏《おおいししげひろ》、二〇〇九年、新曜社）によると、ある調査では、フランス系カナダ人男性：27・9、フランス系カナダ人女性：26・2、アメリカの大学生：24・5、日本の大学生：20・2、韓国の大学生：19・8、中国の大学生：16・1、アメリカの男性囚人：12・7、のような分布になっていたそうです。

ちなみに、大石先生はバージニア大学の教授。ディーナー先生の弟子で、国際的に活躍する幸福学研究者です。私も共同研究をしています。

なかなかよくできていますよね。単に「幸福ですか」と聞かれるよりも、自分の人生を深く振り返りながら回答するので、直近の気分の影響を受けにくく、精度が高まりそうです。

私は、個人的には、5の質問があまりしっくり来ません。今の自分の人生はいい人生だと思っていますが、もう一度やり直すなら違うこともしてみたいと思います（欲張りですね）。だから、3（あまり当てはまらない）と答えるでしょう。このため、5の質問は、私のように答える人の幸福度が低めに出るのではないかと思います。

実は、4と5の質問についてはアジアの人では整合性が低くなるという研究結果があります。つまり、4と5はアジアの人にはあわないというのです。そこで、文化比較の研究では、これらの項目を使わずに1から3のみを聞くこともあります。

みなさんの点数は、どのあたりに位置していたでしょうか。

ただし、低かった方も、悲観は無用です。残念ながら半分の方は平均以下なのですが、本書の趣旨は、みなさんに幸福・不幸のレッテルを貼ることではなく、みなさんに幸福になっていただくことです。ですから、低かった方は、本書を読むと幸福度があがるポテンシャルが大きかった、くらいに楽観的に構えていただければ幸いです（楽観性と幸せの関係についてはあとで詳しく述べます）。単なる目安くらいに捉えてください（といいながら、このAの数値は120ページで吟味しますので、楽しみにしていてください）。

ポジティブ感情とネガティブ感情

アンケートに基づく幸福定量化法の最後にあげた「感情的幸福」（34ページ）は、読んで字のごとく、現在の感情から幸福度を測ろうとするものです。語感からいうと、幸福度というよりもhappy度といったほうがいいかもしれません。つまり、前に述べた幸福のタイムスパン（29ページ）でいうと最も短期的な、感情的なうれしさ・楽しさを評価するものといえるでしょう。もちろん、前出の「幸福度」「生活満足度」「ディーナーの人生満足尺度」の三つは、タイムスパンの長い幸福を計測するものでした。

感情的幸福として、ポジティブ感情（PA, Positive Affect）とネガティブ感情（NA, Negative Affect）を測るのが一般的です。佐藤・安田［二〇〇一］の日本語版PANAS（Positive and Negative Affect Schedule）によると、ポジティブ感情、ネガティブ感情それぞれ8項目に対してアンケート調査を行います。こちらもやってみましょう。次頁のポジティブ感情・ネガティブ感情が、今のあなたの状態にどれくらい当てはまるかを答えてみてください。

ポジティブ感情の8項目は、

「活気のある」
「わくわくした」
「気合いの入った」
「きっぱりとした」
「機敏な」
「誇らしい」
「強気な」
「熱狂した」

1 全く当てはまらない
2 当てはまらない
3 どちらかといえば当てはまらない
4 どちらかといえば当てはまる
5 当てはまる
6 非常によく当てはまる
のいずれかを答えてください

8項目の合計は？

□□□□□□□□□・・・B

ネガティブ感情の8項目は、

「いらだった」
「苦悩した」
「ぴりぴりした」
「びくびくした」
「恥じた」
「うろたえた」
「心配した」
「おびえた」

8項目の合計は？

□□□□□□□□□・・・C

私たちが行った日本人千五百人調査の結果は、以下の通りでした。カッコ内の数値は平均値です。

ポジティブ感情の8項目

「活気のある」（3・42）
「わくわくした」（3・36）
「気合いの入った」（3・19）
「きっぱりとした」（2・98）
「機敏な」（2・97）
「誇らしい」（2・91）
「強気な」（2・90）
「熱狂した」（2・64）

合計（24・37）

ネガティブ感情の8項目

「いらだった」（3・34）

「苦悩した」（3・14）
「ぴりぴりした」（2・85）
「びくびくした」（2・57）
「恥じた」（2・49）
「うろたえた」（2・48）
「心配した」（2・48）
「おびえた」（2・34）
合計（21・69）

みなさんの結果は、平均に対してどのような位置にありましたか。こちらも、比較を推奨しているのではなく、単なる目安ですが、結果を第2章（120ページ）で吟味しますので、楽しみにしていてください。

これらのデータは、日本語の語感からすると、まさに、ポジティブ／ネガティブな感情であって、主観的幸福ではないようにも思えるかもしれません。

たとえば、誰かが短期的には何かに恥じたりおびえたりしていても、長期的には幸福である、という状況は想像できますよね。同様に、短期的にはわくわくし気合いが入っていても、長期的には不幸だという状況も容易に想像できます。つまり、一見、「感情的幸福」と、「幸福度」や「生活満足度」「ディーナーの人生満足尺度」とはあまり相関がなさそうな気もします。

しかし、「感情的幸福」「幸福度」「生活満足度」「ディーナーの人生満足尺度」の間にはそれなりの相関があることが知られています。私たちの日本人千五百人調査でもかなり高い相関を示しました。

このため、本書でも、主観的幸福の一般的定義に従い、「感情的幸福」「幸福度」「生活満足度」「ディーナーの人生満足尺度」はいずれも（短期から長期の）幸福度を表す指標とみなすことにします。

以上、「主観的」な幸福感を「客観的」に捉える方法について述べました。そんな客観的な「主観的幸福」研究成果を、人々が「主観的」に活かせるようにしたい、というのが本書の趣旨です。

ややこしいですね。

「主観的幸福」というのは、アンケートに答える人の主観的な幸福を、心理学研究者が客観的に処理して分析するものでした。客観的研究データなので、それをそのまま一般の人々が自分たちの「主観的」な生活のために活かせるものではありません。

これに対して、本書では、その、客観的な「主観的幸福」の知見を、みなさんがどうすれば主観的に活かせるかを考えるものです。

実は、同じような志で広まりつつある学問分野があります。ポジティブ心理学です。本書と関係が深いので、少し触れておきましょう。

ポジティブ心理学とは何か

「ポジティブ心理学」は、もともとはうつ病やうつ状態の研究をしていたペンシルバニア大学のマーティン・セリグマンが命名し、はじめた分野です。

セリグマンによると、従来の心理学が病気や悩みなど、人のネガティブな心理状態にフォーカスしていたのに対し、ポジティブ心理学は、ふつうの人の生活をよりポジティブで生き生きしたものにすることを目指しているのだといいます。

カウンセリングとコーチングの関係に似ていますね。カウンセリングは病気や悩みを抱えている人が対象。コーチングはスポーツ選手や一般の方が対象。

ポジティブ心理学では、幸福学研究成果が多く引用されます。しかし、幸福のみならず、好奇心やチームワークなどについても取り扱うので、幸福学の範疇《はんちゅう》を超えたものなのだそうです。

創始者の一人であるミハイ・チクセントミハイ（元シカゴ大学教授）が提唱する「フロー」という概念も含みます（フローとは、何かに没頭して、自分が「流れていく」かのように感じる状態）。

人生をより充実したものにすることを目指した、カウンセリングの一分野だと捉える人もいます。

よって、それぞれの縄張りを明確にしておくと、本書とポジティブ心理学は、幸福に関する部分において重なり合う、ということになります。

これまで意識していませんでしたが、見方によっては、私の幸福学研究活動も、ポジティブ心理学の一部と言ってもいいのかもしれません。ただ、私自身は、ある特定分野の研究者に留まるのではなく、客観的・実証的・量的研究（統計を用いる従来型の心理学、一般の工学・科学・医学など）と、主観領域に入り込む定性的で質的な研究（カウンセリング、ポジティブ心理学、社会学の中の質的研究、エスノグラフィーやデザイン思考など）の両方を包含した立場に立って、縦横無尽に行き来できるような、分野横断型の研究者を目指しています。

3　幸福研究の動向

そもそも幸せは目指すべき対象か

さて、幸福の定義と範疇を明確にしたので、次に、別の根本的な問いについて考えてみましょう。そもそも、幸せは目指すべきものかどうか。

この根本的な問いは古くから投げかけられてきました。

肯定派は、古くは、古代ギリシャのアリストテレス。アリストテレスは「幸福は誰もが求める最高の目標である」と断言します。

近代では、ベンサムが「最大多数の最大幸福」、つまり、なるべく多くの幸せが得られるような経済システム・社会システムほど優れている、といいます。功利主義です。つまり、ベンサムの場合は、幸福は結果として目指すべき、という立場です。

一方、幸せは目指すものではないという主張をする人も少なくありません。幸せは目指すべきものではなく日常の中にあることを発見すべきものだ、とか、幸せではなく夢や目標を目指すべきで、それが達成されたところにではなく、それを目指しているところに幸せがあるのだ、など。

あるいは、日本語の「し合わせ」は「受動的」にたまたま巡り会ったことを受け入れるような意味なので、こちらの観点から、幸せは「能動的」に目指すものではないと考えることもできるでしょう。

私は、幸せは目指してもいいものだという立場ですが、目指せるものではないという立場もよくわかります。目指さない派の理由のひとつは、「幸せは漠然としていて、どうやって目指していいかがそう簡単にきちんと決まるようなたぐいのものとは思えないから」かもしれません。

確かに、人間は目標が抽象的すぎたり壮大すぎたりすると適切に行動しにくいことが知られています。言い換えれば、具体的で手の届きそうな目標があるときの方が、人間は、それを手本にして適切に学習・成長することができます。

幸福はまさに抽象的で壮大です。だから、私は幸福を因数分解し、身近で目指せる具体的目標に落とし込むべきだと思うのです。幸福という抽象的で壮大な目標と、具体的で身近な目標の関係が明確にわかれば、あとは簡単です。

人間は、ついつい、具体的で身近な問題から解いてしまうという特徴を持った生物です。そのほうが、達成感という報酬をすぐに得られますから。脳が「無意識」のうちに、そちらを選択してしまうのです。

だから、「わかりやすい目標を持て」ということになります。

つまり、幸福は、目指すべきものではなく、メカニズムを理解すべきものなのです。メカニズムさえ理解すれば、目標はわかりやすくなり、人間の脳は、おもわず幸福を目指してしまいます。意識して目指さなくても。

話が、すこし、受け身の「し合わせ」っぽくなってきましたね。でも、私は、これが本質だと思っています。私たちが能動だと思っていることも、実は脳の無意識的な活動に支配されている（つまり、受動的である）、と。

主観的幸福研究の流行

さて、幸せは目指すべきか否かにかかわらず、メカニズムを理解すべきだ、という話をしました。だから、幸せの研究が必要なわけです。では、幸せの研究は、どれくらい行われているのでしょうか。

図5を見てください。ウェブ・オブ・サイエンス（Web of Science）という学術文献データベースで、「well-being」または「happiness」という単語が含まれる論文を検索した結果です。一九八〇年代にはほぼゼロだった論文数が二〇〇〇年代から急激に増え、二〇一〇年代には三百をうかがう数で推移していることがわかります。世界中で三百ですから、まだ少ないとも言えますが、多様な研究が行われるようになったのも事実です。

なぜ、幸福研究は最近急激に増えてきたのでしょうか。理由の一つは、経済成長最優先

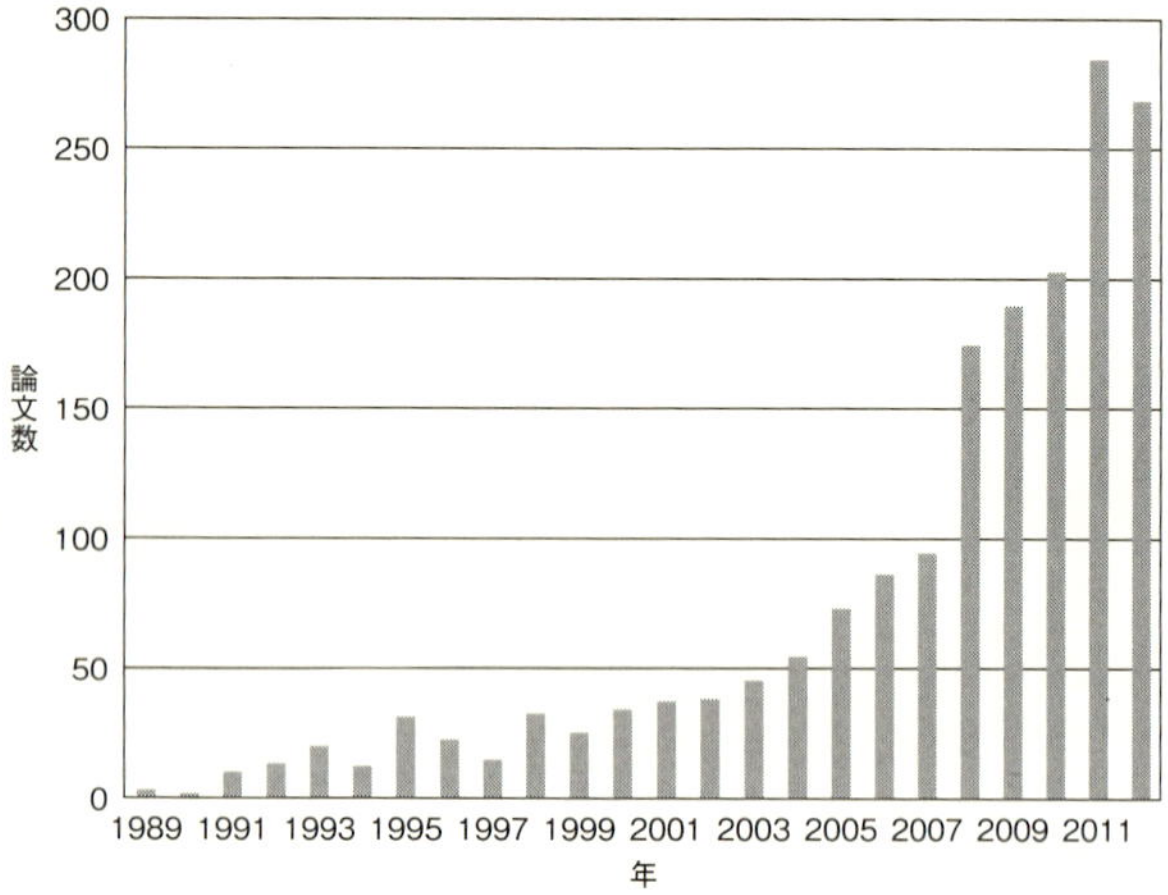

図5　幸福研究数の推移

学術文献データベースのウェブ・オブ・サイエンス（Web of Science）で「well-being」または「happiness」という単語が含まれる論文を検索した結果

の考え方が行き詰まったからだと考えられます。

戦後の復興の時代から、高度成長の時代までは、経済成長で豊かになることこそが幸せであり、そのための工業や産業の発展も善、と考えるのが日本での主流でした。欧米に、追いつき追い越せ。

もちろん、欧米も同じような工業化競争をしていた時代でした。二十世紀の自由主義諸国では、工業化の進んだ国、GDPの多い国こそ、発展したいい国＝先進国だ、という考えが主流でした。

ところが、その考え方が破綻したのが二十一世紀です。環境汚染、資源の枯渇、バブルの崩壊、貧富の格差拡大、物質的に豊かになっても戦争やテロをやめない人たち。工業化や経済発展の結末は、持続可能ではない世界でした。しかも、いくら経済が成長しても、人々はぜんぜん幸せになっていない。

このため、最近では、工業化の進展だけで「先進」かどうかを測るべきではなく、たとえば生活の質を測る「人間開発指数」が国の先進性を測る新たな指数のひとつだと考えられています。人間開発指数は、平均余命、教育指数、GDP指数の三つから算出されます。客観的幸福測定の一種です。

例えば、二〇一二年の人間開発指数上位国は、ノルウェー、オーストラリア、アメリカ、オランダ、ドイツの順で、日本はアジアではトップの十位です。

平均余命、教育指数、GDP指数の三つを合わせることで人々の幸せは測れるのでしょうか。もちろん、ひとつの指標にはなるでしょう。しかし、これらはあくまで客観的で間接的な幸福の指標です。人々が自分で主観的に「自分は幸福であるか」を問うた結果とは異なるというべきでしょう。

だから、主観的幸福の研究が最近増えているわけです。特に、経済学者による主観的幸福研究が、近年、増えています。よく行われているのは、主観的幸福と客観的幸福（幸福に関係しそうな要因）を測り、両者を比較することによって、何が幸福に影響するかを明らかにする研究です。経済について語るときに、たとえば、金銭的な問題だけを論じるわけにはいかない。客観的な指標である金銭的な状態（たとえば収入、収入の変化、一人当たりGDPなど）が、人間の主観的な幸せにどのようにつながるかを考えなければならない。そういう気運が高まったことが、経済学者による主観的幸福研究の増加に影響していると考えられます。

心理学者による主観的幸福研究も増えています。心理学は心についての学問ですから、もともと主観的幸福の研究は行われていました。しかし、世界が持続可能でなくなりつつある状況を反映してか、心理学者による主観的幸福研究も増加しています。

主観的幸福と客観的幸福の関係を調べる研究以外にも、主観的幸福がどんな実験条件に左右されるか、とか、主観的幸福の文化差の研究など、様々な研究が行われています。

しかし、これは、あくまでも欧米での話であり、日本を含むアジアでは主観的幸福研究はあまり盛んではありません。ブータンがあるではないか。そうおっしゃる方もおられるかもしれません。しかし、ブータンは国家の政策でGNH（Gross National Happiness、国民総幸福量）を指標として重視しているのであって、主観的幸福研究を積極的に行っているわけではありません。

残念ながら、日本では、未踏の最先端分野を切り開くというよりも、既存分野で既存研究に追随する研究を進める傾向が高いためか、主観的幸福研究という、ここ十年くらいで伸びてきた新分野の研究者は、全く不足しています。

私のような工学者も、もっと多く幸福研究をするようにならねばならないと思っています。そのためには、日本における研究のサイロ構造（サイロのように気密性を高く保ち、他分野との交流をせずに、細く深く自分の分野にこもって、古き良き研究を貯蔵し続けるタイプの研究）をぶち破って、学問分野横断的な研究・活動を行うべきだと思います。

4　幸せは何と関係するのか

GDPと幸福の関係

オランダにあるエラスムス大学のルート・ビーンホーフェン名誉教授らは、世界幸福データベース（World Database of Happiness）という、主観的幸福に関する資料を長年公開しています。

ここには幸福度も生活満足度も載っています。そこで、このデータベースから幸福度（幸福と感じていますか？　という質問への回答結果）を、ＩＭＦ（国際通貨基金）のデータからＧＤＰを収集し、両者の関係図を作ってみました。

図6をご覧ください。二〇一一年における一人当たりＧＤＰと主観的幸福の国際比較です。

全体として、一人当たりＧＤＰが低い国は、幸福度が大きくばらついているのに対し、一人当たりＧＤＰが増えるにつれ、全体として幸福度が上がっていく傾向があることがわかります。日本は、一人当たりＧＤＰが同じくらいの国と比べると、ちょうど中くらいのところに位置しています。

一人当たりＧＤＰが同じくらいの国と比べると、日本は主観的幸福が下の方にあるグラフを見たことがある、という方もおられるかもしれません。たぶんそれは生活満足度と一人当たりＧＤＰ（ないしは一人当たり年間所得）の関係図なのではないかと思います。生活満足度を比較すると、日本は一人当たりＧＤＰが同じくらいの国の中では最も満足度が低い部類に入ります。

なぜ、日本は、幸福度はまあまあだけれども、生活満足度は低いのでしょうか？

議論の余地があると思います。

一つには、言語差の問題。前にも述べましたが、英語の「happiness」と日本語の「幸福」ではニュアンスが異なります。同様に、「life satisfaction」を生活満足度と訳すか人生満足度と訳すかで、印象は大きく違いますよね。よって、日本の幸福度が国際的にどの

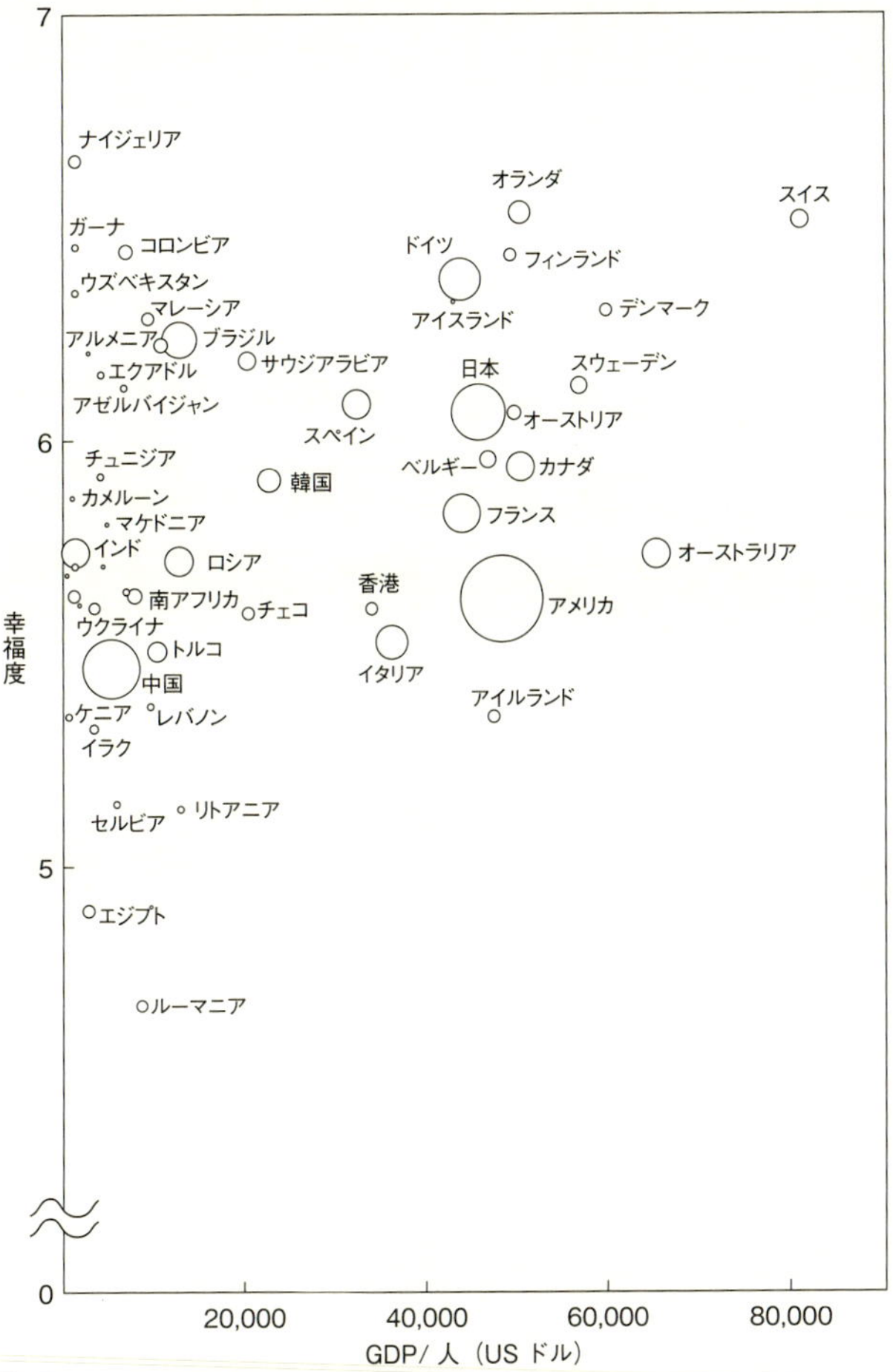

図6　一人当たりGDPと主観的幸福の国際比較

（○のサイズはGDPを表す）

世界幸福データベース（World Database of Happiness）およびIMF資料による

位置にあるか、この図を見て一喜一憂するほどの精度はないと思ったほうがいいと思います。

実際、多くの調査があり、それぞれ結果が異なります。図6を見ると一位はナイジェリアのようですが、デンマークの方と、コロンビアの方も、それぞれ、自分たちの国が幸福度ナンバーワンだとおっしゃっていました。いずれかの調査でそうだったのでしょう。

ブータン国王は前出のGNHという指標を提唱し、経済よりも幸福を優先するという国家方針を表明しています。実際、ブータンで幸福度を調査すると高いそうですが、図6には載っていません。ブータンは、そもそも幸福は国家比較するものではないからと、この種の調査に参加しない意思表示をしているそうです。

幸せの要因はたくさんある

さて、皆さんが最も知りたいことのひとつは、要するに、どんな人が幸せなのか、ということではないでしょうか。

幸せとどんな要因が関係するのか、という研究は数多く行われています。多くは、主観的幸福についてアンケート調査をするとともに、他の要因の影響も調べるというものです。

たとえば、幸福と健康に関係があるかどうかを調べる場合には、さまざまな年齢の人に、主観的幸福について質問するとともに、健康度の調査もして、主観的幸福と健康に相関があるかどうかを統計的に調べます。統計的に有意な（意味があるとみなせる）結果が出れば、幸福と健康には相関がある、ということになります。

「相関がある」とは、幸福な人に健康な人が多く、幸福でない人に健康でない人が多い傾向がある、ということであって、全員がそうだということではありません。幸福な人で不健康な人もいますし、幸福でないけれども健康な人もいますが、そんな人は相対的に少ない、ということです。また、当然ながら、統計調査結果は、調べた年代や国・地域によって、傾向が異なります。あくまである研究者によるあるデータの解析結果なのであって、「絶対的な真」のようなたぐいのものではないことにご注意ください。

結論から言うと、幸福に関連する要因はたくさんあります。年齢、性別、健康、信仰心、結婚、つながりの多様性、目標が明確であること、ボランティア活動をしていること、いざというときに頼れる人がいること、ものごとに感謝していること、外交的であること、目標を達成していることなどです。249ページの付録に、幸福に影響するといわれている要因に関する研究結果を列挙しました。全部で四十八項目あります。幸せ四十八手です（実際にはまだ多くの知見があり、日に日に更新されています）。詳細は付録を見ていただくとして、最も幸福との相関が高いといわれているものは、健康、信仰、結婚の三項目です。

幸せな人は長生き

ただし、健康については面白いことが知られています。健康は幸福に強く影響するのですが、もっと強く影響するのは「自分は健康だと思っていること」(付録③)。健康診断結果そのものよりも、「中性脂肪は標準値を超えているが、まあ、これくらいは大丈夫」と思っていれば幸せで、「標準値の上限に近付いているから大変だ」と思っている人は幸せでないかもしれない。

みなさんは、長生きしたいですか?「幸せな人は健康であるのみならず長寿である」という結果もあります(付録⑤)。長生きするためにも、幸福であることは大切なようです。「やせている人よりも太っている人の方が幸せ」という研究結果もあります。特にこの傾向は女性で顕著なのだそうです。太りすぎが不健康だとすると、不健康な人が幸福ということになってしまい、健康と幸福の関係に矛盾するような結果ですね。詳細の検証が必要かもしれません。

アメリカでは、宗教を信じているかいないかは幸福に高い相関があることが知られています。八百万《やおよろず》の神がいると考える日本の神道とは違って、西洋の一神教は信者か信者でないかが明確ですよね。そのような宗教を信じている方は、幸福な傾向があるといわれているのです。一方、日本では、信仰と幸福の相関は小さいようです（付録⑥）。

結婚・死別＞未婚＞離婚

結婚に関しても面白い結果が知られています。ディーナーらによると、未婚者よりも既婚者のほうが主観的幸福が高い傾向がありますが、近年その差は小さくなりつつあるようです。我々が行った日本人千五百人に対する調査では、離婚した人の幸福度は未婚の人よりも低かったのですが、伴侶と死別した人の幸福度は結婚している人の幸福度と有意な差がありませんでした（付録⑦）。

また、夫婦の幸福度は子供の誕生後に低下し、子供が独立して家を出るまでそれが続く傾向があるそうです（付録⑧）。

序章で「幸福な家庭はみな似通っている」と書きました。子供とともに過ごす一家団欒《だんらん》は幸福の象徴のようですよね。しかし、子供がいる間は子育てや教育支出が大変だからでしょうか、実は、子供のいる家庭は、子供が独立した家庭よりも幸せではないというのです。小さい子供のいる家族は幸せそうに見えますので、ちょっと見かけによらない結果ですよね。ただし、日本での調査はまだ行われていないので、この結果が日本人にも適用できるかどうかは吟味が必要でしょう。

さて、付録の四十八項目には、わりと常識的で、そうだろうと想像できる結果も少なくありません。しかし、意外なものもかなりあります。

ただ、ダイジェストの羅列では、統合的な理解はしにくいですよね。やはり、俯瞰《ふかん》的に、要するに幸せの全体像はどうなっているのかを知りたいところです。私たちが行った因子分析結果は第2章でお見せしますが、その前に、他の研究者たちが、幸福学を俯瞰して何を述べているかを見てみましょう。

5 知っておくべき幸せの法則

日本人は現状不満派？

みなさんは、以下のように思ったことがありませんか。

「もう少し収入が多かったらよかったのに」「もう少し頭がよかったらよかったのに」「もう少し身体的魅力が高かったらよかったのに」

収入や知能や身体的魅力が今と違っていたら、人生は違っていたかもしれません。しかし、実は、幸福感とはあまり関係がないのです。人生は違っていたでしょうが、より幸せな人生だったはずだとは言い切れないのです。なのに、私たちは、ついつい、「もう少し〇〇だったら幸せだっただろうに」と思ってしまうのです。

しかも、日本人は、国際的に見て、「もう少し〇〇だったら幸せだっただろうに」と思いがちな国民なのかもしれません。

学術的な調査ではありませんが、調査会社カンター・ジャパンが、十六歳以上の男女を対象に、財産の所有と幸福感に関し、二〇一二年に二十一ヵ国で行った調査によると、「もっと多くの財産があれば幸せなのに」と思う人（非常にそう思う、ややそう思う、と回答した人の合計）は、

ロシア（七〇％）
中国（七〇％）
日本（六五％）
ドイツ（三七％）
イタリア（三六％）

フランス（三五％）
スペイン（二七％）
イギリス（二一％）
アメリカ（一六％）

だったそうです。なんと、日本人では六五％にも達しています。ロシア、中国も多いですね。

一方、アメリカでの結果はわずか一六％。むしろ否定的な人が五九％と、日本とは真逆の結果となっています。

日本でも最近は物質的な豊かさよりも心の豊かさの方が大事という人が多いのですが、この結果を見ると、まだまだ日本は欧米ほどには物質的に満たされていないということなのかもしれません。

さて、国によってそう思う人の比率に差があるとはいえ、なぜ、人は、「もう少し収入や財産が多ければ幸せなはずだ」と思ってしまうのでしょうか。

フォーカシング・イリュージョン

人間の愚かな特性をうまい言葉で言い当てたのが、プリンストン大学名誉教授でノーベル経済学賞受賞者でもあるダニエル・カーネマンです。

その言葉とは「フォーカシング・イリュージョン」。

フォーカシングは焦点をあわせること。イリュージョンは幻想。だから、フォーカシング・イリュージョンとは、間違ったところに焦点を当ててしまうという意味です。つまり、「人は所得などの特定の価値を得ることが必ずしも幸福に直結しないにもかかわらず、それらを過大評価してしまう傾向がある」〔Kahneman, *et al.*, 2006〕ということ。「目指す方向が間違ってるよ」です。

カーネマンらは、「感情的幸福」は年収七万五千ドルまでは収入に比例して増大するのに対し、七万五千ドルを超えると比例しなくなる、という研究結果を得ています。

これは、米世論調査企業ギャラップが二〇〇八年から二〇〇九年にかけて実施した米国民の健康と福祉に関する調査「Gallup-Healthways Well-Being Index」のデータを分析した結果です。四十五万人のアメリカ人に対する彼らの調査によれば、「人生満足度」は個人の収入とともに増加した一方、「感情的幸福」は七万五千ドル付近までしか年収に比例しませんでした（付録㉞）。

「人生に満足していますか」という問い（長期スパンの主観的幸福）への答えは年収に比例し

たのに、「楽しいですか」という問い（短期スパンの主観的幸福）への答えは、年収が七万五千ドルを超えると年収とは無関係になっていたということです。前に述べたように、どちらも主観的幸福の指標ですが、要するに、大金持ちになっても、人生満足度は上がっていくのに、楽しくはなっていかないということです。生活に満足しているとは感じるのに、感情的幸福は変わらない。実感とあわない気もしますが、アメリカ人四十五万人の結果はそうだったのです。面白いですね。

一ドル百円として日本円に換算すると、年収七百五十万円。ただし、アメリカと日本の購買力の比は為替レートの1・5倍（二〇一二年十一月のOECD〈経済協力開発機構〉による購買力平価――物価を考慮した貨幣価値――の統計データ）と言われているので、一ドル百五十円として換算すると、千百二十五万円。両者を勘案すると、ざっと一千万円というところでしょうか。

年収が、一千万円だろうと、一億円だろうと、十億円だろうと、人は、もっと多くの収入を目指しそうです。実際に目指している人もいます。しかし、いくら上を目指しても、感情的幸福とは関係ないのです。

ちなみに、カーネマンが二〇一〇年に人生満足度を大規模調査したところ、年収と幸福は十六万ドルまで比例する結果が出ています。違う視点からの別の研究で、一人当たり年間所得が一万ドルから一万五千ドルに達したならば、さらなる経済成長はほとんど幸福度を上昇させない、という結果もあります。結局のところ、「年収いくらまでは年収と幸福が相関するのか」という問いの答えは、研究によって大きく異なるというのが現状です。一万ドル台から十万ドル台まで。よって、七万五千ドルという数値は、あくまで目安ととらえてください。とはいえ、具体的だとわかりやすいですし、大雑把に言っていろいろな数値の中では中くらいの値なので、ここからも、七万五千ドル（ないしは一千万円）という数字を目安に考えてゆきましょう。

カーネマンの結果はアメリカでの結果なのであって、日本では違うのではないか、と思われる方もおられるかもしれません。しかし、私たちが日本人千五百人に対して行った調査の結果を見ても、年収の高い層では、年収と感情的幸福（ポジティブ感情とネガティブ感情の差）には相関がありませんでした。

したがって、数字は明確には決められないにせよ、年収がある値になったら、それ以上増えても感情的幸福が上がらなくなる、というのはどうやら確からしいようです。

なのに、人は、なんのためにさらなる高収入を目指してしまうのでしょう。年収が増える方が、いろいろなことができて楽しいはずだ、面白いはずだ、と思うからでしょうか。まさに、フォーカシング・イリュージョンですね。

収入では幸せになれないのか？

さて、なぜ、ある年収までは年収と感情的幸福が比例し、それ以上になると相関しないのでしょうか。いくつかの理由が考えられます。

一つめ。収入が低いときには、最低限の住居を確保する、食事を確保する、身の安全を確保する、などといった欲求が危険にさらされている可能性があります。心理学者マズローが提唱した欲求の五段階説によると、人間は低い欲求がほぼ満たされてはじめて上位の欲求を満たしたいと思うようになります。欲求の階層は、下から、生理的欲求、安全欲求、愛情・所属欲求、尊厳欲求、自己実現欲求です。収入が低い時には、住居、食事、身の安全など下位の欲求（生理的欲求、安全欲求）が危険にさらされているわけです。実際、付録（①、㉟、㊹、㊺）からも、国家の安全、職業があること、健康など、ＱＯＬ（Quality of Life、生活の質）の基本が幸福に寄与することが見て取れます。

前に見た一人当たりＧＤＰと主観的幸福の関係の国家比較の図（55ページの図6）において、一人当たりＧＤＰが増加するにつれ、全体として幸福度が上昇する傾向にあったのも、同様なことを表しています。

これに対し、ある程度の収入を得ると、基本的な生活には支障がなくなるでしょう。このため、それ以上の収入は、最低限の欲求を満たすためというよりも、生活の余裕に費やされるものと考えられます。よって、生活の余裕よりも、安全の方が幸福に対して緊急性が高いから、より幸福に影響する要件なのだ、と考えればカーネマンの結果を説明できそうです。

二つめ。年収が七万五千ドルを超えると、もう十分にリッチなので幸福感は上限まで高まっている、という説明もあり得ます（しかし、七万五千ドルを得ると、十万ドルは欲しいな、いやいや、五十万ドルは欲しい、というように、上を見るときりがないような気がします。自家用飛行機を持っている人の収入は何千万ドル、何億ドルにも達している場合があるので、七万五千ドルごときで幸福がピークに達するという説明は違和感が残ります）。

三つめ。感情的幸福は年収七万五千ドルを超えると年収に比例しないけれども、生活満足度は比例するという結果から考えると、生活満足度で幸福を測るべきなのであって、うれしい、悲しいといった刹那的な感情で幸福を測ろうとすることが間違っているのではないか、という考え方もありそうです。感情的にハッピーと感じていなくても、幸せなのだ、と。しかし、逆に、生活満足度のほうが、主観的幸福と遠い概念であるようにも思えます。「生活には満足しているが幸福ではない」ということはあり得ると思いませんか？衣食住は満ち足りている。だから、生活には満足している。しかし、深い悩みがあって幸せではないから、感情的にも楽しい気分になれない、というような。

　四つめ。実は、年収は青天井ですが、幸せのアンケートには上限があります。「とても楽しい」という回答が天井で、それよりも上はありません。年収と感情的幸福が比例するためには、年収が一千万円の人と一億円の人とでは感情的幸福が十倍違わないといけないことになってしまいますが、もともと五段階や七段階で答えてもらっているので、幸福度の方は決して十倍も差がつきません。だから、そもそも、アンケートの尺度に問題がある、と考えることもできます。また、人間の感覚は対数で感じられているという特徴があります。ウェーバー・フェヒナーの法則といいます。たとえば、人が二倍、三倍の音の大きさを感じるとき、物理的な音量は、十倍、百倍になっています。感覚と幸福を同列に論じていいかどうかは議論の残るところですが、年収が十倍、百倍になった時に、人間は感覚としては二倍、三倍のように感じてしまっていると考えれば、年収が多いところでの結果も説明できるかもしれません。

　どの理由もありそうで、まだどれが正解かはわかっていません。私は、四つの理由の複合が正解なのではないかと思っています。

　いずれにせよ、歴然とした事実は、面白いことに、というか、ショッキングなことに、年収七万五千ドルを超えると感情的幸福は上昇しなくなる、ということです。

この結果は、要するに、年収七万五千ドル以下の人は年収が上がると主観的幸福もアップする確率が高く、年収がそれを超える人は年収が上がっても主観的幸福は特にアップしないということです。

「快楽のランニングマシン」

年収七万五千ドルを超えると年収と感情的幸福が比例しない。それにもかかわらず人間はさらにお金が欲しいと思ってしまうというフォーカシング・イリュージョン。

人間は、なぜ、餌《えさ》のないところに猛進するかのような愚かな特性を持っているのでしょうか。

人間が元来愚かなのではなく、近代から現代にかけての人々の価値観が偏っていたのではないか、というのが私の考えです。

つまり、時代を俯瞰的に見ると、実は近代から現代に至る時代に目指してきた方向が間違っていたのではないか。前にも述べたように、工業化の進展こそが先進、進歩・発展こそが善、という考え方が多数派の時代の価値観です。この価値観こそが、フォーカシング・イリュージョンなのではないか。カーネマンは、幸福学の言葉としてこの言葉を使いましたが、これは、時代を象徴する言葉なのではないか。幸福に限らず、科学技術文明というフォーカシング・イリュージョンが席巻してしまったこと自体が現代社会の問題なのではないか。

では、そんなフォーカシング・イリュージョンまみれの現代にあって、どんな幸せを目指すことがフォーカシング・イリュージョンで、どんな幸せが確かな幸せなのでしょうか。

イギリスのニューカッスル大学の心理学者ダニエル・ネトルが、著書*Happiness: The Science Behind Your Smile*（Oxford University Press、邦訳は『目からウロコの幸福学』）の中で、興味深い視点を提示しています［Nettle, 2005］。

「地位財（positional goods）」と「非地位財（non-positional goods）」という視点です（邦訳版では位置財産／非位置財産と呼んでいますが、本書では、経済学用語である地位財／非地位財という言葉を用います）。

地位財・非地位財という言葉は、経済学者のロバート・フランクが作った言葉です。

図7をご覧ください。

地位はポジション、財はグッズ。ポジションとは、自分が他人と比べてどのようなポジションにいるかという意味でのポジションです。財（グッズ）は、必ずしも、預金、株、土地のように、お金に換算されるモノのみではありません。図にあるように、社会的地

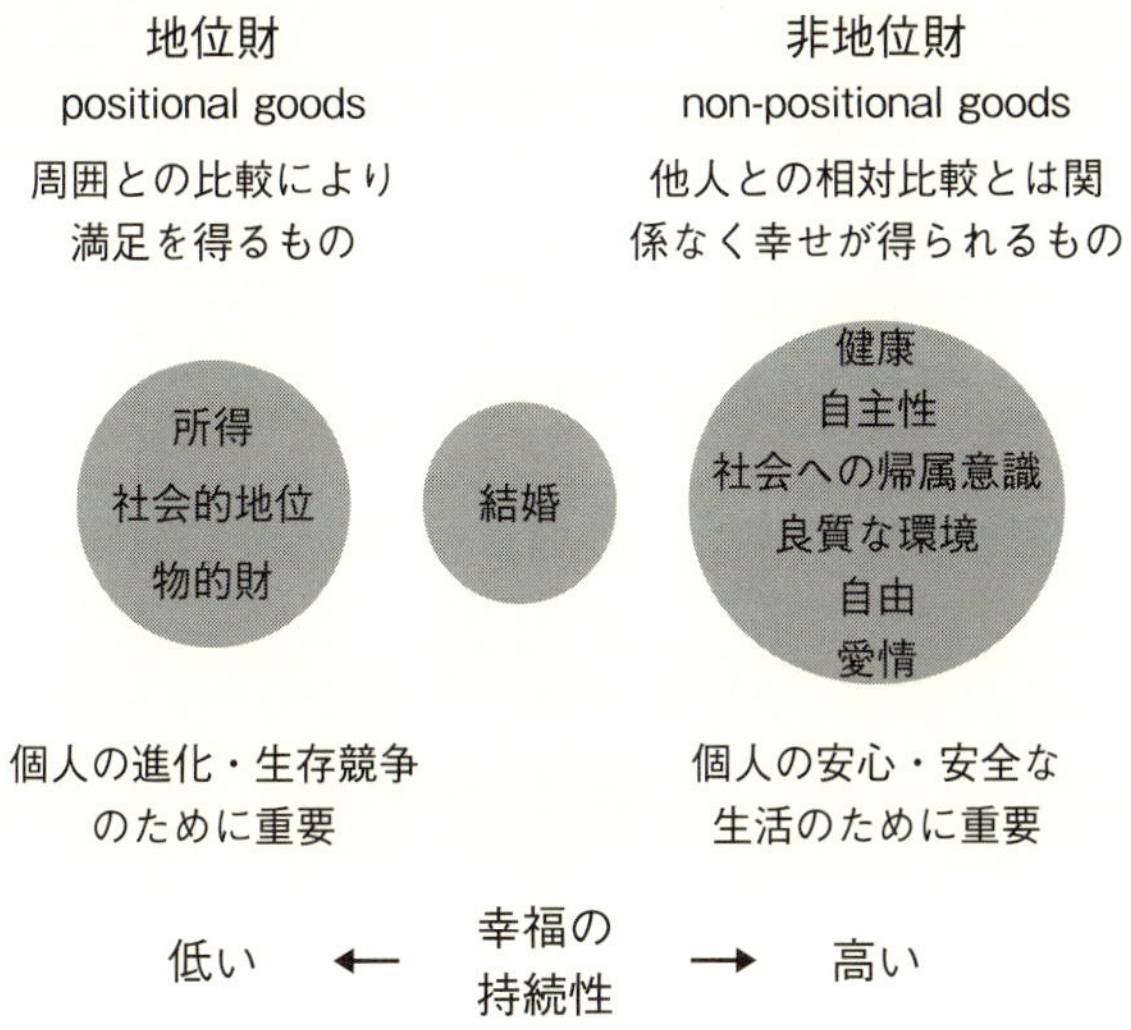

図７　地位財と非地位財

ダニエル・ネトル著『目からウロコの幸福学』の記述をもとに作成

位、健康、自由、愛情のような、形のないコトも含みます。

図の左側に示した地位財は、所得、社会的地位、物的財のように、周囲と比較できるものです。一方、非地位財とは、他人が持っているかどうかとは関係なく喜びが得られるもの。

そして、地位財による幸福は長続きしないのに対し、非地位財による幸福は長続きする、という重要な特徴があります。

「快楽のランニングマシン（hedonic treadmill）」というたとえがあります。収入が増えるとその時はうれしいですが、すぐにもっと多く欲しくなります。人はよりよい収入を求めて常にランニングマシンの上を走り続けてしまいますが、実はどこまで走ってもゴールにはたどり着かない（付録㉞）。まさに、フォーカシング・イリュージョンですね。人はついつい、幸福の持続性の低い地位財を目指してしまいがちなのです。

なぜなのでしょうか。フランクは説明します。

人間は、自然淘汰に勝ち残って進化してきた。よって、子孫を残すためにより有効なことを目指すようにできている。子孫を残すために重要なことは、競争に打ち勝つことだ。人間は、競争に勝つとうれしいようにできている。だから、他人との比較優位に立てる、地位財の獲得を目指してしまうのだ、と。

一方、非地位財は、個人の安心・安全な生活のために重要です。進化や生存競争のためではない。もちろん、安心・安全な生活をしている方が異性にもてて、子孫獲得につながることもあるでしょう。しかし、のんびりと安心・安全に生きている人よりも、今の敵と戦って伴侶獲得競争に打ち勝つ力強い異性の方が好まれます。

つまり、地位財を得るというのは、目の前にぶら下がった具体的な餌に飛びつくことです。一方、非地位財は、もっと長期的で形にならない抽象的なもの。今すぐ具体的に何かが得られるものではない。そして人間は、具体的な目の前の餌を優先してしまうようにできている。

これがフランクの説明です。

結婚が地位財と非地位財の間に書かれているのが気になりますよね。一般的には結婚は愛情の象徴なので非地位財的であるように思えますが、地位財的な場合もあるということを意味しています。例を挙げましょう。アメリカでは、金銭的に成功した男性が、昔からの妻と別れ、ステータスシンボルとして若く美しい女性と結婚することがあるそうです。その若い妻のことをトロフィーワイフと呼びます。成功の副賞のトロフィーのような妻。まさに地位財的です。長続きしない幸せなのではないかと、他人事《ひとごと》ながら心配になりますね。

地位財と非地位財のバランスを取れ

精神医学・心理学者ランドルフ・ネッシィは「自然淘汰は、人間の幸福など歯牙にもかけていない」といいます。自然淘汰の目指すことは、「たとえどんなにみじめな人生を送ることになろうとも、生き延びて子供を作ること」だ、と。

これもフランクの話と似ていますね。

人間は、長続きするいい幸せを目指すのではなく、「快楽のランニングマシン（hedonic

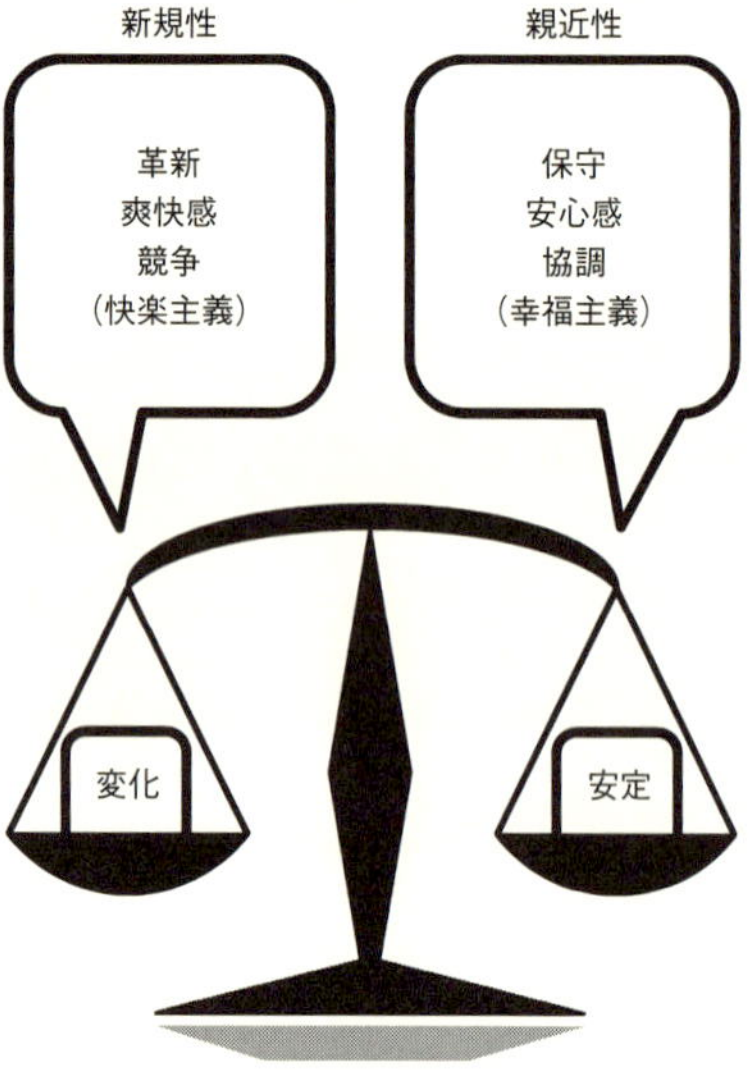

図8　人は両方をバランスよく求めてきた

treadmill)」を走り続けるように仕組まれているのだ、というのです。その方が自然淘汰に勝ち残れるから、という理由で。

私は、ネトル、フランク、ネッシィとは少し違う考えです。

人間は、本来、短期的な幸福をもたらす地位財と、長期的な幸福をもたらす非地位財を、どちらもバランスよく求めるようにできているのではないでしょうか。両者は、車の両輪のようなものだと思うのです。

両者は、「変化」と「安定」といってもいいし、「革新」と「保守」といってもいい。「爽快感」と「安心感」といってもいい。心理学者の下條信輔《しもじょうしんすけ》先生の言葉を借りると「新規性」と「親近性」です（図8参照）。

で、もともと、人間社会は、両者のバランスを取っていた。「競争」と「協調」です。

東洋流に言うと、「切磋琢磨」と「和の心」。古代ギリシャ・ローマ風にいうと、「快楽主義（hedonism）」と「幸福主義（eudaimonism）」（前出26ページ）。

なぜなら、競争が子孫獲得に有利に働くこともあるでしょうが、皆で協力して安心・安全な社会を作り、ともに子孫を育てる方が、子孫獲得のために有利な場合もあるからです。人間が他の生物にも増して利他性を持つことはよく知られていますよね。他人を蹴落として勝ち残るのみならず、利他的にふるまって共存共栄を図ることも、生物学的な共生と同様、有効だと思うのです。だから、人間が地位財のみを求めるように進化した、というのは言い過ぎで、現代文明が人をそうさせている、というのが私の意見です。

つまり、先ほども少し述べたように、近代から現代にかけて形成され是とされてきた西洋的な進歩主義が、競争と快楽の追求を強調しすぎる社会を作ってしまった。だから、フォーカシング・イリュージョンが起きてしまった。

もともと、昔は、フォーカシング・イリュージョンに陥る人は多数派ではなかった。ところが、科学技術や医学や思想が進歩した時代だと思われていた現代が、進むべき方向を間違えた。

環境破壊も、社会構造も、文化も、みんな間違ってしまった現代。だから、目指す幸福の方向も、当然、間違っている。偏っている。これが、実情だと思うのです。

日本はもともと間違っていなかった。ところが、西洋に学んだ結果、間違った方向に進んでいる。そういうことだと思うのです。もちろん、西洋だって、もともと、古代ギリシャ・ローマのころは、間違っていなかった。近代から現代こそが、先進と進歩を競った過ちの時代である。そう思うのです。

だから、日本万歳、といいたいわけではありません。残念ながら現代の日本はフォーカシング・イリュージョンまみれですから。

日本がフォーカシング・イリュージョンまみれであることを表している調査結果を見てみましょう。

幸福感に影響すると思う要素

図9は、内閣府が幸福感に影響すると思う要素をアンケート調査した結果です。どれがフォーカシング・イリュージョンかを吟味してみましょう。

既に述べた幸福学の知見から考えますと、一番目の「健康状況」は幸福と相関が高いことが知られているので、フォーカシング・イリュージョンではなさそうです。

二番目の「家族関係」も、一般的に考えるとフォーカシング・イリュージョンではなさそうですが、「夫婦の幸福度は子供の誕生後に低下し、子供が独立して家を出るまでそれが続く傾向がある」（付録⑧）、「家族・友人関係の満足度と主観的幸福の相関は、日本のような集団主義的な社会では小さい」（付録⑫）という結果もありますので、吟味が必要かもしれません。

三番目の「家計の状況（所得・消費）」はどうでしょう。

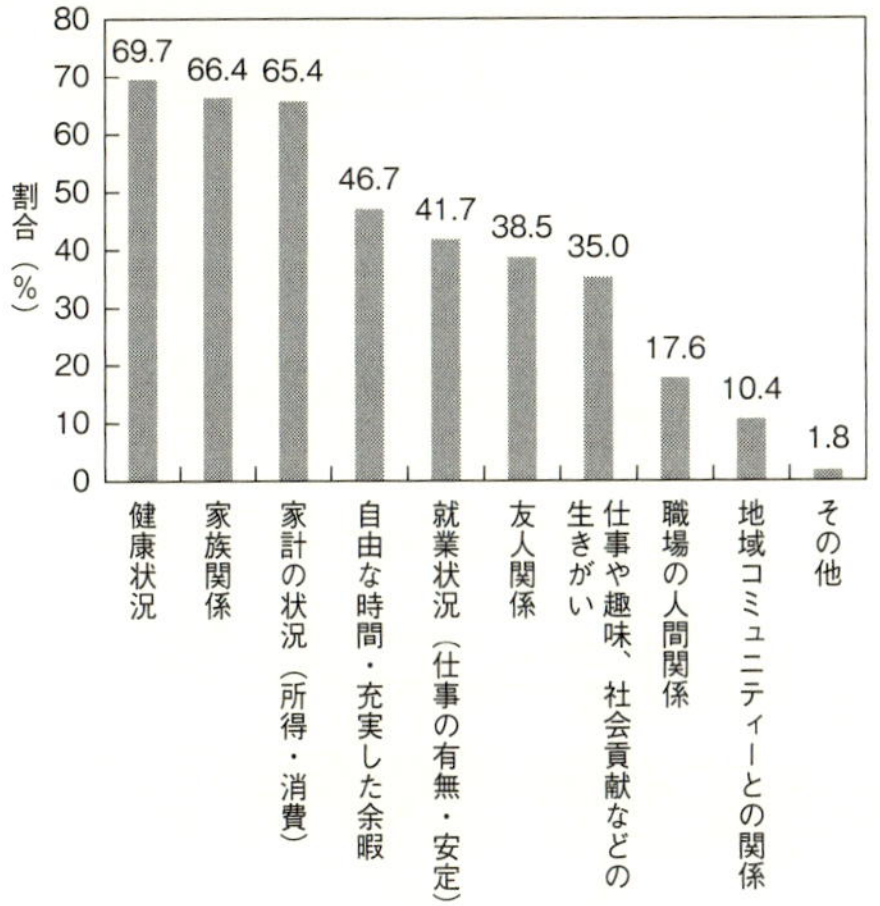

図9　日本人が幸福感を考える際に重視する要素
内閣府の「国民生活選好度調査」（2008～2010年）による

既に述べたように、ある程度の所得を超えると、所得の増大は必ずしも幸福度の増大にはつながりません。にもかかわらず、多くの人々は、所得の増加が幸福に影響すると考えているのです。まさにフォーカシング・イリュージョンです。

自由時間は短いほど幸せ

また、実は、意外なことに、四番目の「自由な時間・充実した余暇」も、フォーカシング・イリュージョンかもしれません。

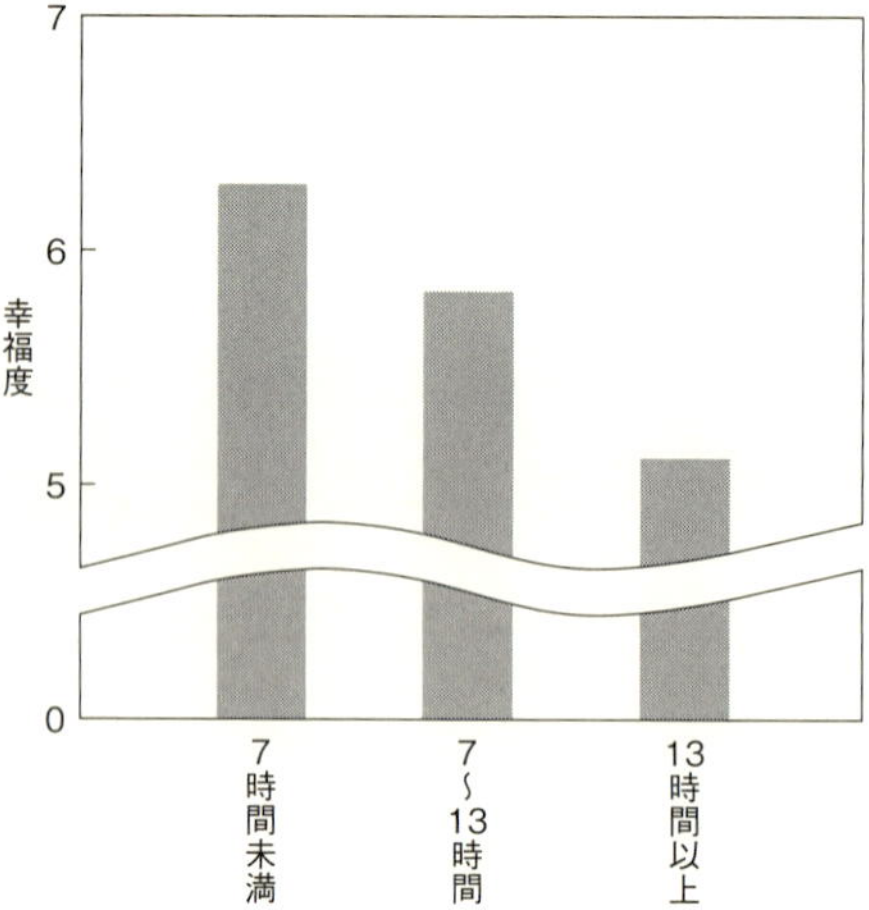

図10　自由時間の長さと幸福の関係
内閣府経済社会総合研究所「若年層の幸福度に関する調査」（2010〜2011年）による

図10は、内閣府経済社会総合研究所が二〇一〇年から二〇一一年にかけて二十歳から三十九歳までの男女二万人以上を対象に行った「若年層の幸福度に関する調査」の結果の一部です。

内閣府のレポートによると、「若年層調査を利用して、自由時間の長さと幸福度の関係をみると、自由時間が長いだけでは幸福に結びついておらず、質が重要なことが分かる」とあります。

しかし、グラフを見ると、なんと、自由時間が幸福に結びついていないばかりか、自由時間が短い人の方が幸福な傾向が見てとれます。気になったので当時内閣府に在籍されていた方に問い合わせてみました。すると、どの二群間も一％水準で統計的に有意（偶然こうなる確率は一％以下。要するに、統計的に確からしい）との回答を得ました。

充実した生活のためには余暇を持つゆとりが必要といわれますが、もしかしたら、余暇を持たないほうが幸せなのかもしれないのです。まさに、フォーカシング・イリュージョンですね。

では、私たちもさっそく自由時間を減らすと幸せになれるかというと、それはわかりません。「自由時間が短いこと」と「幸福」のどちらが原因でどちらが結果かは、このデータだけからはわからないからです。何かに打ち込んでいるからそちらで充実していて、そちらに時間を取られているから、結果として自由時間が短いのかもしれません。自由時間が短いと余計なことを考えないから、その結果として幸福感が高まるのかもしれません。自由時間が多い人の一部は、失業していたり、パートタイムの仕事をしていて労働時間が短いために、収入が不十分で、その結果不幸と感じているのかもしれません。因果関係については、さらにつっこんだ研究が必要でしょう。

確かに言えることとは、「自由時間が短い人」は「幸福」である傾向があった、という事実です。

しかも、余暇の過ごし方自体にもフォーカシング・イリュージョンが見られます。テレビや映画よりも運動、園芸、スポーツの方が主観的幸福を得られるのに、テレビや映画を見る時間が長かったり（付録㊳）。物質的消費よりも体験的な消費の方が主観的幸福を高められるのに、物質的消費を選んでしまったり（㊴）。音楽、絵画、ダンス、陶芸などを見るよりもそれらを創造するほうが主観的幸福を高めるのに、見る方を選んでしまったり(40)。

いずれにせよ、私たちは、「自分はどうすれば幸せなのか」を思いのほか知らないのです。知っているつもりで、間違っているのです。

カレンダー○×法

私のところのある学生が研究中の、なかなか日の目を見ない幸福関連研究があります。「カレンダー○×法」または「カレンダー・マーキング法」と呼んでいます。「自分の幸せに何が影響するか」「自分はどれくらい幸せか」を人は意外と知らない、ということを気づかせてくれる方法のひとつです。

私もやってみたところ、自分の幸福感について大きな気づきがありました。では有効な方法なのかというと、気づきがある人とない人とが分かれ、気づきの種類も多様なので、なかなか統計的に有効だと言いにくい面がある方法です。そんな秘密兵器の話を、論文にする前に本に書いてしまっていいのか、という議論もありますが、その学生が本に書いてもいいと言ってくれたので、書いてしまいましょう。

やり方は簡単。手帳を用意します。で、毎日、寝る前など、一日の終わりに、今日はいい日だったかどうか振り返ります。そして、幸せな日だったら○、不幸せだったら×、中くらいだったら△を、手帳に書きます。できれば、その理由を簡単に書き添えておきます。これを、毎日繰り返すだけです。

私の場合、自分の幸せというのは、何か新しいことを思いついたときや、新しい仕事上の成果をあげたときに訪れるものだと思っていました。これまで何十年も生きてきた経験から、自分のことはわかっているだろうと思っていました。

ところが、カレンダー○×法をやってみると、自分の考えは間違っていたことに気づかされました。

○が付いたのは、新しく面白い人に会った、何かで誰かと意気投合した、誰かといっしょに何かを始めた、など、対人的な幸せばかりだったのです。

もちろん、新しいことを思いついたり、新しい仕事上の成果をあげたりした日もいい日です。ですが、その日一日がいい日かどうかをトータルに判断する際には、圧倒的に、対人幸福の方が印象深かったのです。私は、面白い人に会ったり、面白いことを聞いたりした日にこそ、「今日はいい日だった〜」と感じていたのです。

実は、私は、わりと一人でいるのが好きな性格です。人と会うのも嫌いではないですし、さびしがり屋なのですが、しかし、元来そんなに積極的に新しい人と会うような性格ではありませんでした。だから、正直、人と会うことが自分の幸せだなんて、夢にも思っていませんでした。

ところが、そうではなかった。フォーカシング・イリュージョンですね。自分がどうすれば幸せなのかわかっていなかった。

カレンダー○×法を体験したことによって、自分は人と会うことが幸せだったのだと実感し、自分のものにした後は、もうイリュージョンではありません。生活が変わります。私の場合、そういうことなら、これまで以上にいろいろな人と接することにしよう、と思うようになりました。以前は、仕事で必要な人だけに会っていましたが、もう一歩進んで、どんな風に仕事が進展するかわからなくても、面白そうな人には会ってみよう、会ってみて、仕事が進めばそれでいいし、進まなくても、何か気づきが得られたり、何より自分の幸せまでついてくるのだからいいではないか、と思うようになりました。すると、自然に積極的になるし、幸福度も増す。好循環ですね。

必要な人以外には会わなくてもいい、と思っている人は、人と会うことで幸せになる機会を自ら閉ざしているかもしれないのです。気づかないうちに悪循環に陥っているのだとしたら、もったいないですよね。

カレンダー○×法で得られる気づきは、私と同じようなパターンだけではありません。

自分は意外と△が多いということに気づいた人もいました。×だらけでショックだったという人も、○だらけでうれしかったという人もおられました。○を付けるように幸せの見かたを変えた、という方もおられましたし、生活習慣を変えてみた、という方もおられました。

私と同じように、自分の幸せや不幸せのパターンに気づいた、という方もおられます。その結果、思考パターンや生活パターンが変わり、幸福度が増した、という方も少なくありませんでした。

一方、特に何も気づかなかったし、生活の変化もなかった、という方も一定数おられました。思っていた通りだったという方もおられましたし、○×△の表を見ても別に何も感じないという方もおられました。だからカレンダー○×法の評価は難しいのですが、私自身は気づきがあった側なので、お勧めだと思っています。

ピーク・エンドの法則

人は、自分の幸福のメカニズムについて思いのほか知らない、ということの別の事例を紹介しましょう。フォーカシング・イリュージョンでも有名なカーネマンがみつけた「ピーク・エンドの法則」です。

「ピーク・エンドの法則」とは、苦痛・快楽の評価はその活動の「ピーク（絶頂）」と「終わったときの程度」で決まるのであって、「どのくらいの期間続いたか」は無視される［Kahneman & Varey, 1991］というものです。

なにか、幸せだった出来事を思い出してみてください。

たとえば、恋愛。今も続いている恋愛がいいですね。いかがでしょう。

幸せの絶頂の一番いい出来事を思い出しますよね。途中の、いろいろあったいやなことは、すぐには思い出さない。もちろん思い出そうと思えば思い出せますが、やはり、一番に思い出すのは、一番よかった、ピークの瞬間ではないでしょうか。このケースは、まだ恋愛が続いているケースですので、エンドは思い出せないですね。

不幸な出来事も同じです。

再び、恋愛を題材にしてみましょう。

もう終わってしまった過去のほろ苦い恋愛を、思い出してみてください。

悲しかった出来事や、最後の悲しい別れを思い出しますよね。途中には、いいこともたくさんあったのに。もちろん、一番よかったときを思い出す方もおられるでしょう。今となってはほろ苦く切ない思い出ですけどね。私も、懐かしく悲しい昔の思い出とともに、中学校の合唱祭で歌った「あの素晴らしい愛をもう一度」がリフレインのように頭の中に鳴り響きます。

いずれにせよ、ピークか、エンドです。一番よかった（または悪かった）ときか、最後の瞬間。途中では小さないいことも（悪いことも）たくさんあったはずなのに、思い出すのは、ピークとエンドであることが多いですよね。

では、つらかった勉強や仕事を成し遂げたことを思い出す場合はどうでしょうか。やはり、苦労した製品が無事製品化された瞬間や、苦労した研究が表彰された瞬間、猛勉強した甲斐あって、無事、学校に合格した瞬間を思い出しますよね。あるいは、仕事や研究の途中で、新しいアイデアを思いついた瞬間や、上司に認められた瞬間、模擬試験で合格圏内に入った喜びの瞬間。

やはり、ピークかエンドではないでしょうか。

つらかった勉強や仕事の挫折も同じでしょう。やはり、ピークか、エンド。

つまり、人間は、過去の出来事を平等に均等に思い出すようにはできていない、ということです。実感とも一致しますよね。エンドの方は「終わり良ければすべて良し」ということわざとも一致します。

これは、よく考えてみると、重要な教訓です。生き方に、重要な示唆を与えてくれます。長い苦労も耐えぬいて最後が良ければすべてよしである。逆に、楽しいことが長く続いても、最後が悪ければ台無しである。そういうことですよね。

だったら、辛いときも、途中であきらめずに、しつこくしぶとく続けた方が幸福を得る可能性が高いということです。もちろん、勝算がないとわかったら早めに撤退するという戦略も重要ですが、絶対に成し遂げると決めて、本当にしつこく、最後に成功するまで続ける気があるならば、時間がかかってもやるべきだ、ということです。エジソンが言うように、一万回失敗してもそれは「一万個のうまくいかない方法を発見したことだ」と考え、一万一回目に成功すればいい。

すべての記憶が均等だったら、だめそうな時にはすぐにあきらめて次を目指す方が良さそうですが、そうではない。時間がかかっても最後までやり遂げるのであれば、あきらめない戦略の方が幸せにつながるのです。

逆は、現実逃避の刹那的な楽しみ。あとでつらいことが待っているけれども、やりたくないので、とりあえず、楽しいことをしてしまおうという態度。人間、誰しもありますよね。でも、これはよくない。あとでどーんとつらいことが来たら、途中の小さな幸せは吹き飛びます。

これも、広い意味では、フォーカシング・イリュージョンですよね。私たちは、ついつい、出来事の記憶は平等に頭の中に残ると勘違いして、あきらめたり、逃避したりしてでしまう。しかし、幸福を目標地点として考えてみると、その判断は間違いかもしれない。あきらめず、逃避せず、最後の成功（あるいは、途中の大きな喜び）までやり遂げるべきなのです。

プロスペクト理論

もうひとつ、人間の、幸不幸に関する面白い特徴を紹介しましょう。前に、幸福と不幸はその多様性が非対称だと書きましたが、幸福と不幸に関する予測も非対称だという話です。

これも、カーネマンが明らかにした人間の特徴で、プロスペクト理論と呼ばれます。「人が感じる価値の大きさは客観的な数値に比例しない」というものです。

あなたは今、何かギャンブルをしているとしましょう。目の前に、確実に百万円儲かる方法があるとします。もうひとつ、五〇％の確率で二百万円が儲かる（残りの五〇％は儲けゼロとなる）方法があるとします。あなたはどちらを選びますか？

あなたの持っている株が下落し、今売ると百万円損をするとしましょう。しかし、実は、もう少し経つと、五〇％の確率で損失が二倍の二百万円になる（残りの五〇％は損失ゼロになる）かもしれない。あなたはどうしますか？

いかがでしょうか。前者では、確実な百万円を選ぶ人が多く、後者では、五〇％の確率でリスクが二倍になる方を選ぶ人が多いのだそうです。みなさんは、どうだったでしょうか。

お気づきの通り、どちらも、確実な百万円を選ぶか、二分の一の確率で二百万円になる方を選ぶか、という選択です。数学的には同じ。利益か、損失か、方向が逆なだけです。

期待値（期待される利益または損失）はどれも百万円。同じです。あとは確実な方を選ぶか、ルーレットをまわす賭けに出るか、の選択ですから、百万円の利益を確定した人は百万円の損失も確定しようと考えそうなものです。逆に、一か八か、賭けに出る人は、利益のときも損失のときも賭けに出ても良さそうなものです。ところがそうはならない。

人は、いいことのときにはリスクを回避しようとし、悪いことの場合にはリスクテーカーになりがちという、非対称な判断をしてしまう生き物なのです。

なぜなのでしょうか？　カーネマンは、「人が感じる価値の大きさは客観的な数値に比例しない」からだと言います。

人は、百万円と二百万円を比べたとき、二百万円は二倍の価値だと感じない。すこし割り引いて感じてしまう。だから、利益のときには、百万円を確実に手にする方を選んでしまうのです。一方、二百万円の損失を百万円の損失の二倍だとは感じないから、マイナス二百万円かゼロか、という賭けに出てしまうのです。

この結果、利益と損失に対する態度が非対称になってしまいます。

この話は、株の利益確定と損切りの話として語られることが多いですね。利益のときには、もっと儲かるのに、我慢できずに早めに売ってしまいがち。損失のときには、早めに売れば損失は小さめなのに、ついつい売れなくて結局大きな損になりがち。

この話は、幸せの話と考えることもできます。何かいいことがふたつあるとき、人は欲張らずにひとつの幸せで満足しがちです。一方、何か悪いことが起きたとき、それがその先に解消されるか二倍になる可能性があるとしたら、人は、解消か二倍かのギャンブルの方を選んでしまいがちです。幸福は小さめで満足し、不幸はリスクテークしがちだということです。

そうだとすると、何が起こるでしょうか。期待値は同じですから、平均すると差は出ないのですが、分布パターンが異なってきます。不幸の側は散らばりが大きくなり、確率は低いとはいえ、運の悪い人はとても不幸に陥ります。一方、幸福の側は小さくまとまり、大きな幸福を得る人は少ないということになります。

なんだか、トルストイが言っていた、「幸福な家庭はみな似通っているが、不幸な家庭は不幸の相もさまざまである」みたいになってきましたね。不幸は多様に分布し、幸福は一点に集中する。

いずれにせよ、フォーカシング・イリュージョン、カレンダー○×法、ピーク・エンドの法則、プロスペクト理論の項で言いたかったことは、私たち人間の認知は、杓子定規な数学的解釈では表せないような癖のある特徴を持っていて、しかも、それを意外と自分自身がわかっていないものである、ということです。しかも、どれも、言われてみると、そういえばそうだと思えるようなものなのに、ついついあるパターンに陥ってしまう、という特徴があります。

共通点は、「人は、自分の幸せについての判断を間違ってしまいがちだ」ということです。広義のフォーカシング・イリュージョンです。

狭義のフォーカシング・イリュージョンは、私たちが、そもそも目指すべき幸福の方向を見誤ってしまうことを教えてくれます。カレンダー○×法は、自分の幸福観の間違いに気づかせてくれます。ピーク・エンドの法則は、思いのほか特定の出来事が幸福に影響することを教えてくれます。プロスペクト理論は、思いのほか幸福と不幸に対する判断は非対称であることを。

幸せは間接的にやってくる

では、どうして、「人は、自分の幸せについての判断を間違ってしまう」のでしょうか？

理由の一つは、「幸せは間接的にやってくる」からでしょう。幸せは、言ってしまえば「気の持ちよう」なのですが、では、「幸せだと思うことにしよう」と思えば幸せになれるかというと、そう簡単ではありませんよね。

幸せという心の状態を作るためには、必ず、別のアクションをとらなければならない。ここが、難しいところです。例えば、他人に親切にすることはできますよね。しかし、ふつう、幸せになろうと思って人に親切にするわけではありません。

この矛盾こそ、幸せになることが、ダイエットをすることよりも難しい点です。序章で、幸せになることもダイエットを成功させることも、そのメカニズムを理解しないとうまくいかないという点では同じだと述べました。しかし、メカニズムの厄介さが違います。ダイエットの場合、いろいろと知っているべきだとはいえ、要するに、食べ物の量を減らしたり、エネルギー消費を増やしたりすれば体重が減るという物理的関係はわりとイメージしやすいですよね。しかし、幸せの場合は、理解しやすい因果関係にはなっていない。ここが難しい点です。

つまり、幸せになるための単純な処方箋《しょほうせん》はない。一見それとは関係ない何かをすることによって、幸せになれる。何か、幸せになるための直接的なアクションというものはない。すべて間接的である。一見、幸せとは違う別のアクションをした結果として、まるで突然のご褒美のように、幸せはやってくる。そういう構造になっているのです。

「星に願いを」の歌詞にありますね。「Like a bolt out of the blue, fate steps in and sees you through. When you wish upon a star, your dream comes true.」（青空からの突然の稲妻のように、運命の女神は突然やってきて、あなたのことを見届けます。あなたが星に願うなら、あなたの夢はかなうでしょう。）です。青空から突然、稲妻が光るくらい、驚くべき意外さで、幸せはやってくるのです。

前にも述べましたように、幸福に影響する要因はたくさんあります（付録の四十八項目参照）が、ほぼ、みんな、同じように、その目的は幸せとは違います。唯一の例外は、結婚でしょうか。日本語では、「結婚します」＝「幸せになります」のような捉え方がありますので。

幸せと関係のある項目は、たくさんあります。親切であること、感謝すること、目的を持っていること、年収が一千万円超であること、健康であること、楽観的であること、などなど。

それらを目指すと、その結果として、間接的に、幸せになれるのです。逆説的ですが、「幸せになりたかったら、幸せになることを直接的に目指してはならない」わけです。

だから、幸せのメカニズムを整理した形で頭に入れ、どんなアクションを取れば幸せがやってくるかを、ダイエット以上にしっかりと理解する必要があるのです。

人生全体の俯瞰的理解

幸せのメカニズムを理解しにくいもう一つの理由は、人間は、先ほど述べたような様々な癖を持っているからです。フォーカシング・イリュージョンから、プロスペクト理論まで。だから、幸せになるためのメカニズムは、複雑でわかりにくい。これら人間の特性を理解することによって、幸せになる方法がわかるのです。

これまでに述べたことをすべて理解し、自分が間接的に幸せになれるように行動すれば、幸せになれます。

しかし、これまで述べたことだけでは不足しています。幸せには多くの要因が関係し、さらにフォーカシング・イリュージョンのような特徴がある、とわかっても、それではたくさんの項目が並列に頭の中に入ってきただけで、体系化されていません。整理されていません。

要するに全体構造はどうなっていて、どれとどれが、どのように関係するのか。どれが大事なのか。幸福のメカニズムが、明確で単純な形で描かれないと、全体の俯瞰的理解はできません。

これに対して、有効な方法があります。モデリングです。ものごと全体の挙動を理解するために、詳細の枝葉は切り捨てて、その本質的な部分だけをざっくり表現する。完全ではなくてもいいから、ものごとの基本的な振る舞いを理解する。

たとえば天気を予報するために気象のシミュレーションモデルを作ります。空気中の分子ひとつひとつをモデル化しているわけではないので、百パーセント当たるわけではない。しかし、それなりの精度では当たるから、人々は重宝します。

これと同じように、幸福のメカニズムの基本モデルを作ることで、人々の心の振る舞いの基本を理解できるのではないでしょうか。理系アプローチからの幸福理解です。次章では、この章で述べたたくさんの知見を整理統合し、幸せの近似モデルを作ることを考えてみましょう。

第2章　幸せの四つの因子

1　幸せの因子分析

全部満たせば幸せなのか？

これまで述べてきたように、幸福に影響する要因はたくさんあります。では、それらを全部満たせば幸せになれるということなのでしょうか。

私も、以前はそうなのではないかと考えていた時期がありました。そこで、幸福のチェックリストというのを作って、チェックが多いほど幸せなのかどうかを調べてみたことがありました。

幸福のチェックリスト

身体的要因　□身体的に健康？

性格・能力・心の状態

気質は　□外交的？　□楽観的？　□切り替えは得意？

性格は　□自尊心が高い？　□自己統制感が高い？　□自己目的的？　□優しく親切？

心の状態は　□調和している？　□心配事がない？　□人々に感謝している？　□適度な教養がある？

思想・宗教心　□自分の思想を確立したり宗教を信じたりしている？

社会的な状態
社会的自己の状態　□収入に満足？　□愛情は十分得ている？　□対人関係に満足？　□仕事に満足？　□社会的立場に満足？　□社会の要請に応えている？　□自己実現している？　□将来の目標は明確？
社会の状態　□自国の政治・社会体制は安定？　□社会環境は自由・安全・良好？
その他　□他人との比較で自分の幸福を判断していない？　□フォーカシング・イリュージョンに陥っていない？

しかし、ある学生がいうのです。私は、このリストをほとんど満たしていないけれども最高に幸せだと。彼女は、「楽観的」という項目だけは満たしているけれども他はほとんど満たしていなかったのです。しかし、いつも明るく楽しそう。大学院での研究テーマも、彼女らしく、笑顔の研究でした。

いわれてみると、楽観性はジョーカーのようなものですね。いい意味で。つまり、切り札。どんでん返しです。楽観的でさえあれば、他の要因を満たしていなくても、幸福になれるのです。収入が少ないけど、まあ、なんとかなるだろう。友達もいないけれども、まあ、なんとかなるだろう。つらい試練のまっただ中だけれども、まあ、なんとかなるだろう。

幸福に関連する多くの項目をすべて満たしていなくても幸せになれるのかもしれない。では、結局、そもそも、どれを満たしていれば、幸せになれるのか。

これを知りたくて行ったのが、幸せの因子分析です。これから少し専門的な説明をしますが、ご興味のない方は説明を飛ばし、結果のところ（104ページ）からお読み頂いてもかまいません。逆に、もっと詳しくお読みになりたい方は蓮沼の修士論文［蓮沼、二〇一二］を参照してください。

因子分析とは

因子分析とは、多変量解析（たくさんの量的データの間の関係の解析）の一つで、多くのデータを解析し、その構造を明らかにするための手法です。もうすこし具体的に言うと、そのデータが意味していることを整理して表すための軸をいくつか探す方法です。

因子に分類する方法ですね、とおっしゃる方がおられますが、少し違います。物事を分類するのではなく、物事の要因をいくつか求め、それら複数の要因がその物事にそれぞれどれくらい寄与しているかを数値化する方法です。

わかりやすい例で説明しましょう。

たとえば、味覚の因子分析をしたい場合、いくつかの食品や調味料の味について、多くの人に、たくさんの質問をして、何段階かで答えてもらいます（たとえば、全くそう思わない／あまりそう思わない／どちらでもない／ややそう思う／とてもそう思う、の五段階）。

質問は、辛いですか、甘いですか、しょっぱいですか、のように、明らかに独立（軸になりそう）と思われるものだけでなく、塩辛いですか、甘酸っぱいですか、ほろ苦いですか、甘辛いですか、のような複合的なものが含まれていてもかまいません。いや、むしろ、そのような、独立か独立ではないかが微妙な質問も含めて、どれとどれが近くてどれとどれは遠いかを明確にすることができるのが、因子分析です。

アンケートが終わったら、コンピュータを用い、専用ソフトで計算します。すると、数学的な理論の説明は省略しますが、コンピュータが数値計算の結果としていくつかの因子を求めてくれます。因子の数は、解析者が探索的に求めます。ある数学的ルールに従って。

味覚について因子分析をすると、たぶん、甘さ因子、辛さ因子、苦さ因子、塩辛さ因子、酸っぱさ因子などの因子が求まるでしょう。実際には、辛さは味覚とは別の痛覚刺激であるとか、うま味が加わるべきだというような専門的な議論がありますが、それは置いておきましょう。つまり、申し上げたいことは、コンピュータを用いて味覚の因子分析をすると、味覚を構成する独立な因子が、適切な数だけ求められるということです（斜交回転といって、因子の独立性を犠牲にする方法もありますが、ここではこの話も置いておきましょう)。味覚を表すために必要な直交軸が、必要な数だけ求まると言い換えてもいいと思います(斜交回転をすると直交性は失われますが、先ほども述べた通り、ここでは置いておきましょう)。それぞれの軸が、それぞれの質問と、人々の特徴の関係まで。ただし、コンピュータが求めてくれるのは、因子と、それぞれの因子を表します。ただし、コンピュータが求めてくれるのは、因子と、質問と因子を見比べて、解析者が因子の名前を付けていきます。味覚の場合は、甘さ因子、辛さ因子、苦さ因子、塩辛さ因子、酸っぱさ因子など、容易に名前を付けることができますが、付けにくい場合もあります。

因子の軸とその名前が決まったら、座標系の上に、質問をプロットできます。「甘酸っぱい」は、「甘い」軸が0・6ポイント、「酸っぱい」軸が0・5ポイント、というようように。つまり、質問の位置づけを明確化できます。また、この座標系の上に、食べ物をプロットすることもできます。ミカンは「甘い」軸が0・6ポイント、「酸っぱい」軸が0・5ポイント、ハッサクは「甘い」軸が0・2ポイント、「酸っぱい」軸が0・8ポイント、というように。つまり、食べ物の位置づけを明確化できます。

これの、幸せ版を求めたということです。それぞれの幸せの要因や人々の位置づけを明確化するために。

因子分析のやり方をおさらいしますと、まず、知りたい対象に関係する多くの項目を、多くの人にアンケート調査します。次に、その結果をコンピュータにかけて、いくつかの因子を求めます。さらに、それぞれの因子に関係深いアンケート結果をもとに、因子に名前を付けます。ここまでできたら、因子分析の処理は終わりです。あとは、分析結果を見て、知りたかった対象が、どんな因子軸で表されているか、それぞれの質問と因子軸の関係はどうなっているか、などを考察します。

なにはともあれ、幸福の因子分析結果を見てみましょう。

幸せの心的要因を因子分析する

一つ、前提を置きました。心的要因のみをアンケートの対象にしたこと。これには、二つの理由があります。

一つは、心的要因以外の幸福の要因は、外的ないしは身体的要因なので、自分でコントロールできない場合が多々あることです。たとえば、治安はいいか、直接民主制を採り入れているか、などは、自分一人で決められるものではなく、人々の置かれた環境に左右されます。よって、心的要因とは範疇が異なると考えるべきでしょう。

もう一つの理由。これが重要なのですが、心的要因は非地位財であることが多いのに対し、外的要因は地位財である場合が多いことです。第1章で述べたように、金、モノ、地位などの地位財による幸福は長続きしない幸福であり、これらを目指すことはフォーカシング・イリュージョンです。これに対し、自主性、自由、愛情など、心的要因の多くは非地位財です。非地位財の中には、健康や良質な環境など、心的要因ではないものもありますが、これらも同じ理由（自分でコントロールできない外的要因・身体的要因であるという理由）により削除しました。

つまり、以上の二つの理由を満たす要因は、心的要因なのです。そこで、まず、幸福に影響することがわかっている心的要因をピックアップしました。

その際、ディーナーと大石の調査結果を主要な資料として用いました。もちろん、前に述べた四十八項目の一部です。

次に、アンケートを作成しました。アンケート項目を作成する段階で既存の尺度がある場合にはそれらを用い、ない場合には自作の質問項目を作成しました。作成したのは、次に示した二十九項目について、それぞれ三つずつ、合計八十七個の質問です。

幸福の因子分析のためのアンケート二十九項目

楽観性、社会的比較志向のなさ、自己受容傾向、コンピテンス（強み）、自己実現尺度、人を喜ばせる傾向、ユーモア、自尊心、愛情、感謝傾向、将来への希望の強さ、勤労意欲、満喫傾向、思想・宗教があること、社会の要請に応えていること、自律性、熟達の程度、積極的な他者関係、心配ごとがないこと、個人的成長の程度、人生の意義の明確傾向、目標の明確性、親切さ、気持ちの切り替えが得意であること、自己概念の明確傾向、最大効果の追求のなさ、環境制御性、人生の目的の明確傾向、制約の知覚のなさ（実際には、「私はものごとが思い通りにいくと思う（楽観性）」「私は自分のすることと他者がすることをあまり比較しない（社会的比較志向のなさ）」のような文章により質問しました。具体的な質問内容は蓮沼の修士論文を参照下さい）

心的特性についての二十九項目八十七個の質問を、インターネットで千五百人の方にアンケートしました。質問には、全く当てはまらない／ほとんど当てはまらない／あまり当てはまらない／どちらともいえない／少し当てはまる／かなり当てはまる／非常によく当てはまる、の七段階で答えてもらいました。

次に、アンケート結果をコンピュータにかけ、因子分析を行いました。計算にはSPSSという統計解析ソフトウェアを用いました。

細かいことをいうと、ふたりの学生が別のやり方で分析しました。八十七個のデータをそのまま用いて因子分析した場合（佐伯らの講演論文参照）と、それぞれの三つの質問の結果を平均した二十五個（幸せと相関の低かった四項目は除外）のデータを対象に因子分析した場合

（蓮沼の修士論文参照）。その結果、いずれもよく似た四つの因子が求まりました。そこで、この四つの因子について説明します。

先ほども述べましたように、因子分析では、コンピュータが四つの因子を求めてくれますが、それらに名前は付けてくれません。そこで、一般に、解析者がデータの構造を眺めて適切な名前を付けるのが普通です。具体的には、計算結果として、どのアンケート項目がどの因子に関連深いかを表す因子負荷量という数値が出てきますので、それを眺めて因子の名前を決めます。

幸せの四つ葉のクローバー

私たちが、計算結果を見ながら命名した四つの因子と、それぞれの因子に関連深かった（因子負荷量が大きかった）質問をいくつか紹介しましょう。

実際の質問では、反転項目といって、反対の聞き方もしています。たとえば、「私は有能である」→「私は有能ではない」。ここではすべてポジティブ側の質問に書き換えて示しています。

四つのうちの最初の因子は何でしょう。

まず、答えを簡単に述べましょう（詳細は後でじっくり見ていきます）。

第一因子　「やってみよう！」因子（自己実現と成長の因子）

・コンピテンス（私は有能である）
・社会の要請（私は社会の要請に応えている）
・個人的成長（私のこれまでの人生は、変化、学習、成長に満ちていた）
・自己実現（今の自分は「本当になりたかった自分」である）

「やってみよう！」因子（自己実現と成長の因子）というのが第一因子の名前。そのあとの四行は、その因子に関連深かった（因子負荷量が大きかった）質問の例です。

因子名の命名までの手順を少しだけ述べておきましょう。SPSSというソフトウェアは、以下のような結果をアウトプットしてくれます。すなわち、第一因子は、コンピテンス（私は有能である）、社会の要請（私は社会の要請に応えている）、個人的成長（私のこれまでの人生は、変化、学習、成長に満ちていた）、自己実現（今の自分は「本当になりたかった自分」である）の四つの質問の因子負荷量が高い軸である、と。ということは、第一因子とは、有能で、社会の要請に応え、成長に満ちていて、自己実現しているという人間の特徴を表した因子だということがわかります。そこで、解析者が、名前を付けます。解析者のセンスが問われるところです。

皆さんでしたら、どんな名前を付けますか。「ばりばり頑張る」因子でしょうか。「優秀な勉強家」因子でしょうか。我々のグループは、後で述べる三つの因子とのバランスも考えながら、名称を考えました。

自分の強みがあるかどうか、そして強みを社会で活かしているかどうか、そんな自分はなりたかった自分であるかどうか、そして、よりよい自分になるために努力してきたかどうか、といったような項目が並んでいます。そこで、「やってみよう！」因子（自己実現と成長の因子）と名付けました。大きな目標を持っていること、大きな目標と目前の目標が一致していること、そして、そのために、学習・成長しようとしていることが幸せに寄与しているのです。

では、二つめは、どうでしょう。

二つめは、「ありがとう！」因子です。

第二因子　「ありがとう！」因子（つながりと感謝の因子）

・人を喜ばせる（人の喜ぶ顔が見たい）

・愛情（私を大切に思ってくれる人たちがいる）

・感謝（私は、人生において感謝することがたくさんある）
・親切（私は日々の生活において、他者に親切にし、手助けしたいと思っている）

因子と、それに対して因子負荷量の高かった質問の例を書いているという点は、先ほどの第一因子の時と同じです。後述の第三、第四因子も同じです。

いかがでしょうか。人を喜ばせる、愛情、感謝、親切と、他者との心の通う関係に関するアンケート項目が並んでいます。第一因子が、自己実現や成長など、自分に向かう幸せだったのに対し、第二因子は他人に向かう幸せだということができるでしょう。

前にお見せしました図8（74ページ）に当てはめてみると、第一因子は、自分の変化、革新（新規性）を求める因子だったのに対し、第二因子は周りとの安定した関係（親近性）を目指す因子だということもできるかもしれません。自分と他人。変化と安定。対になっていて、納得感があるのではないでしょうか。

食事に例えると、第一因子が、エネルギーの成分になる糖質・脂質・タンパク質だとすると、第二因子は、身体機能を維持する成分であるビタミン・ミネラルのようなものでしょうか。五大栄養素（のうちの三つと二つ）です。両者があって、初めて、バランスのいい食事になる。

逆に、もうこの二つですべてを満たすようにも思えますが、あとの二つは何なんでしょうか。三つめを見てみましょう。

第三因子　「なんとかなる！」因子（前向きと楽観の因子）

・楽観性（私はものごとが思い通りにいくと思う）
・気持ちの切り替え（私は学校や仕事での失敗や不安な感情をあまり引きずらない）
・積極的な他者関係（私は他者との近しい関係を維持することができる）
・自己受容（自分は人生で多くのことを達成してきた）

三つめは、趣向が変わって、前向きさと楽観性の因子でした。私たちは「なんとかなる！」因子と名付けました。

これは、第一因子とも、第二因子とも違っています。しかも、自己実現や成長（第一因子）を目指す場合にも、他者とのつながり（第二因子）を育む場合にも、楽観的で前向きであることは重要ですよね。

前に、とにかく楽観的な私の学生の例を挙げましたが、楽観性があれば、他の要因は吹き飛んでしまうくらい、楽観性は重要です。なにしろ、楽観的ならば、多少、自己実現、成長、つながり、感謝などが不足していても、まあいいや、そのうち身に付くでしょう、と気にならなくなりますからね。そういう意味では、楽観性は、幸せのためになくてはならないスパイスだと言えます。

食事に例えると、「自己実現と成長」（第一因子）が糖質・脂質・タンパク質、「つながりと感謝」（第二因子）がビタミン・ミネラルとするなら、「前向きと楽観」（第三因子）は調味料、といったところでしょうか。五大栄養素（第一因子と第二因子）はこれで十分、とばかりに肉と魚と米と野菜だけが目の前に出されても、調味料がなければ料理になりません。もちろん、調味料だけでも料理にはなりません。第一因子から第三因子までがそろってはじめて、おいしい食事になります。

厳密にいうと、幸せの場合にも、料理同様、すべてがそろうべきかどうかという疑問は残っています。先ほどから例に挙げている学生のように、「楽観性」だけ持っていれば幸せなのかもしれないからです。その話は、四つめの因子を見てからにしましょう。

では、四つめは、なんでしょうか？

第四因子　「あなたらしく！」因子（独立とマイペースの因子）

・社会的比較志向のなさ（私は自分のすることと他者がすることをあまり比較しない）

・制約の知覚のなさ（私に何ができて何ができないかは外部の制約のせいではない）
・自己概念の明確傾向（自分自身についての信念はあまり変化しない）
・最大効果の追求（テレビを見るときはあまり頻繁にチャンネルを切り替えない）

他人と自分を比較しない傾向や、自分をはっきり持っていることとの因子です。これは、要するに、フォーカシング・イリュージョンによって、ついつい地位財に目がいきそうなのを抑えるという意味で重要な因子です。これがないと、間違った方向にいってしまうというわけです。

たとえば、「自己実現と成長」を目指すとき、「あいつより出世する」みたいな間違いがそれです。自己実現は、他人との比較ではなく自分自身との戦いであるべきなのに、他人との戦いを目指してしまうという間違い。これは、前に述べたように、長続きしない幸せ（名誉という地位財）です。そうならないために、あなたらしく、人の目を気にせず、自分のペースで幸せに向かうことが重要です。

また、たとえば、「つながりと感謝」のために周りの人と仲良くするのはいいのですが、人に合わせてばかりいると幸せになれません。人と仲良くしつつ、自分らしさも同時に持っているべきなのです。昔のことわざで言うと、「和して同ぜず」。第二因子と第四因子がどちらも大事である、ということを「和して同ぜず」は表していますよね。

食事に例えると、何でしょうか。第一因子から第三因子が、五大栄養素と調味料だとすると、第四因子は、食べ物ではないのですが、調理器具と食器みたいなものではないでしょうか。

つまり第一因子と第二因子は、栄養のために必要不可欠な項目、第三因子と第四因子は、正しくおいしい食事のために必要不可欠な項目。どれが欠けても、正しくおいしい食事にはなりません。

四つ葉のクローバーみたいですね。四つ揃《そろ》うと幸せになれる。

ただし、繰り返しますが、先ほども述べたように、幸せも食事と同じかどうか、つまり、四つ揃わないと幸せではないのかどうかは議論の余地があります。このことについてはクラスター分析のところで吟味しましょう。

シンプルだから有益

幸せの要因はたくさんあるようでしたが、因子分析によってまとめてみると、要するに、この四つが、幸せの鍵だということです。

誤解のないようにもう一度述べておきますが、因子分析というのはコンピュータによる数値解析です。複雑で絡み合った現象を、アンケートなどのデータをもとに、シンプルな構造にモデリングするためのツールです。対象とする現象をいくつの因子で表すのが最も適切なのか、コンピュータによって求めるものです。

幸せに寄与する心的因子はたぶんこの四つだろう、と単なる思いつきで言っているのとは違います。過去の幸福研究から、幸せに関連する項目を徹底的に洗い出し、それをアンケートにして日本人千五百人に回答してもらい、その結果をコンピュータにかけて多変量解析によって求めた四つの因子。この点こそが、これまでのポジティブ心理学とは異なる点です。

ポジティブ心理学では、幸福の心理学について熟知した心理学者たちが、幸福の要因を導き出し、それをもとに幸せになるためのコツを解いています。しかし、幸福の要因を導く方法は、熟練したエキスパートの知識と直感に基づかざるをえない。これに対し、私の研究は、全体を数学的にモデル化する手法を用いているから、熟練者の暗黙知に従うのと違って、人々の思考の構造を明確に可視化できます。

しかも、私たちの結果が有益なのは、幸福に寄与する心的因子が、わずか四つに集約できたということ。そのシンプルさ。いいかえれば、この四つを覚え、この四つを満たすように心がけていたら、幸せになれるのではないかと思います。

これら四つの因子の詳細についてはあとで詳しく述べますが、その前に、先ほどからの課題について吟味しましょう。この四つを満たしていると幸福なのか、それとも、どれかを満たしていなくても幸福になれるのか。いろいろな幸せのパターンがあるのだとしたら、日本人はどんなパターンに分類できるのか。これらを明らかにするために、クラスター分析という方法があります。

2　幸せのクラスター分析

全体の二〇％が最も幸せなグループ

クラスター分析も多変量解析の一種で、多くのデータをもとに人々やものごとを分類するための手法です。今回の場合は、幸福に関連する二十九項目八十七個の項目への千五百人のアンケート回答者の回答の近さをコンピュータで計算しました。その結果、人々が五つのグループに分かれました。つまり、それぞれのグループの中によく似た人が含まれるように、人々を五つに分類したというわけです。

クラスター分析にもいくつか手法がありますが、ここでは非階層法という手法を用いいました。

図11をみてください。クラスター分析の結果、人々が五つのクラスター（グループ）に分かれたことを表しています。左側にはディーナーの人生満足尺度、ポジティブ感情、ネガティブ感情を示しています。また、右側には、それぞれのグループにおける、四つの因子の因子得点を示しています。

結論から言うと、幸せも、料理と同じでした。つまり、いろいろな幸せのパターンがあるというよりも、四つを全部満たしていると幸せ、どれかを満たしていないと幸せ度が下がり、全部満たしていないと一番不幸、という結果になっていました。

それぞれのグループについてご説明しましょう。

クラスター1は、最も幸せなグループ。全体の二〇％がこれに当たります。

クラスター2は、二番目に幸せなグループ。「自己実現と成長」「つながりと感謝」は強いですが、「前向きと楽観」と「独立とマイペース」が弱いグループで、全体の一七％を占めます。

クラスター3は、幸福度が中くらいのグループで、四つの因子とも、平均前後になっているタイプです。なんと、調査した日本人千五百人の四五％を占めていました。

クラスター4は、「自己実現と成長」および「つながりと感謝」が弱いタイプです。全

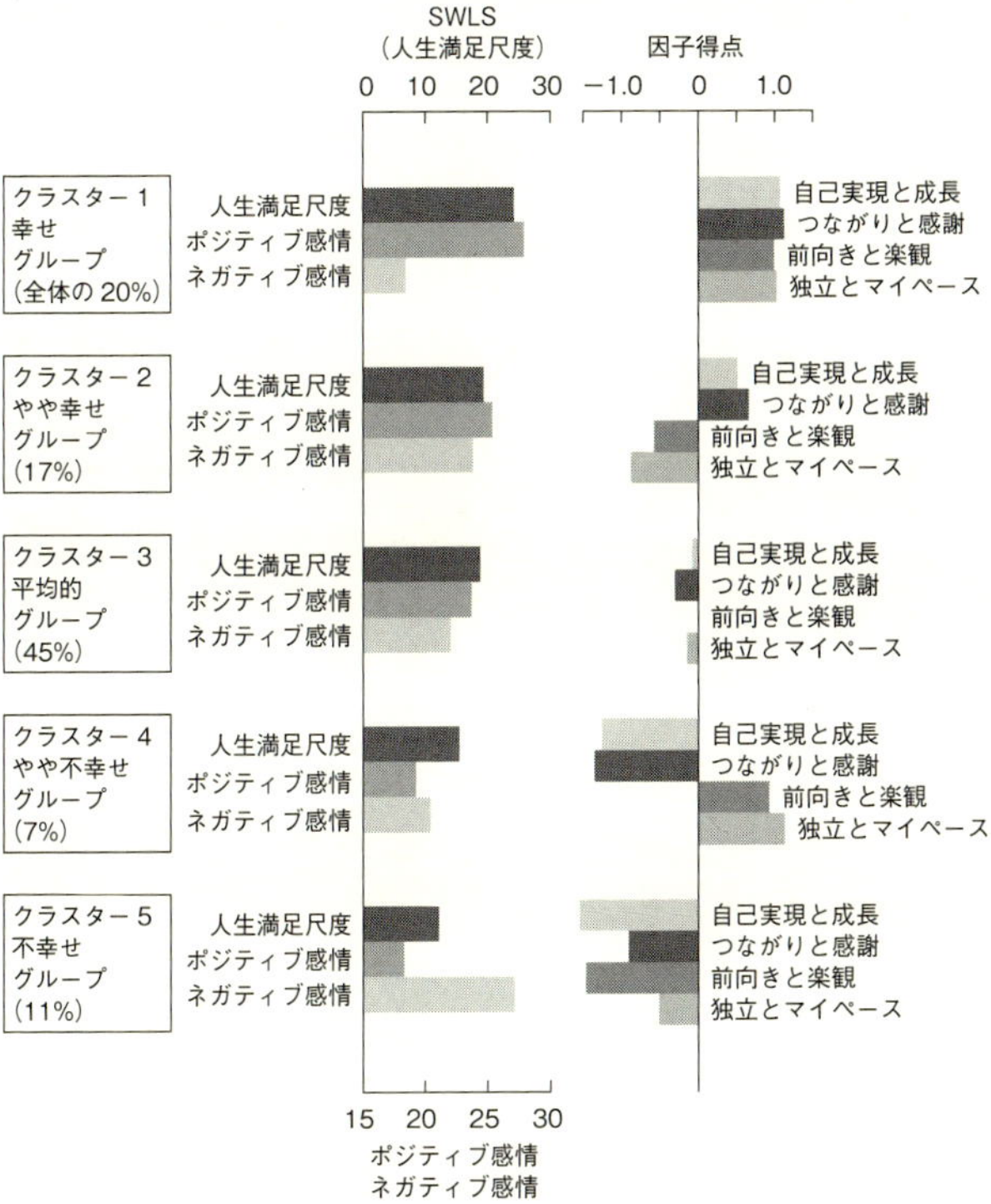

図 11　5つのクラスターの幸福度と因子得点

体の七％を占める、やや不幸なグループです。

最後のクラスター5は、残念なことに四つの因子のどれも低いグループです。全体の一一％。ポジティブ感情が低くネガティブ感情が高いのも印象的です。

では、前に述べた、楽観性だけが強くて幸せな人はどこへ行ってしまったのでしょうか。私のところの学生のような、「楽観的で幸せ」なタイプです。

実際のところ、私も、クラスター分析をする前には、「前向きと楽観」だけが強い、妙に楽観的なタイプや、「つながりと感謝」だけが強い、他人を大事にするタイプなど、いろいろな幸せのタイプがあることを期待していました。

ところが、幸せな人はどの因子も高く、不幸な人はどの因子も低い。ちょっと画一的で、人を勝ち組と負け組に分けているような、残念な気もする結果が得られました。

今回は千五百人を大きく五つに分けたため、小さなグループは確認していません。クラスターをもっと細分化すると、楽観性などの一つの特徴だけ突出したクラスターも見えてくるかもしれません。少なくとも五グループに分けた場合には、幸福なグループは一種類だったということです。

それにしても、楽観性が高い人に近そうなクラスターは、クラスター4。「前向きと楽観」および「独立とマイペース」が強いグループです。しかし、彼らの幸福度はやや低い。楽観性が高くて幸せ、という私の学生の特徴とは異なっています。どうやら、楽観性が突出していて幸せなタイプは、少数派のようです。

あなたはどのタイプ？

自分自身がどのタイプなのか、気になりますよね。では、みなさんもやってみましょう。

以下は、因子分析の結果をもとに、本書のために作成した質問です。因子分析で求めた因子得点と一対一対応するものではありません。また、本書を書いている時点では、以下のアンケートの平均や分散を求めたわけではありませんので、みなさんの結果が平均より高いか低いかを評価することは現時点ではできません。しかし、四つの因子のどれが高くどれが低いか、自分の特徴を把握するためには有効だと思います。ぜひ、やってみてください。

1 得意としていることがある
2 何か、目的・目標を持ってやっていることがある

1と2の合計 □□□・・・D

3 人の喜ぶ顔を見るのが好きだ
4 いろいろなことに感謝するほうだ

3と4の合計 □□□・・・E

1 全く当てはまらない
2 ほとんど当てはまらない
3 あまり当てはまらない
4 どちらともいえない
5 少し当てはまる、
6 かなり当てはまる
7 非常によく当てはまる
のいずれかを答えてください

5　いまかかえている問題はだいたい何とかなると思う

6　失敗やいやなことに対し、あまりくよくよしない

5と6の合計 □□□…F

7　自分と他人をあまり比べないほうだ

8　他人に何と思われようとも、やるべきだと思うことはやるべきだ

7と8の合計 □□□…G

前に求めた「ディーナーの人生満足尺度」（36ページのA）、ポジティブ感情（40ページのB）、ネガティブ感情（41ページのC）を、右で求めた四つの項目とともに、図12に書き出してみてください。いかがですか？　結果から、自分の特徴を把握してみましょう。ただし、この結果は、幸福度を診断してみなさんをタイプ分けするものではありません。あくまで、それぞれの方のバランスを見るための目安だとお考えいただければと思います。

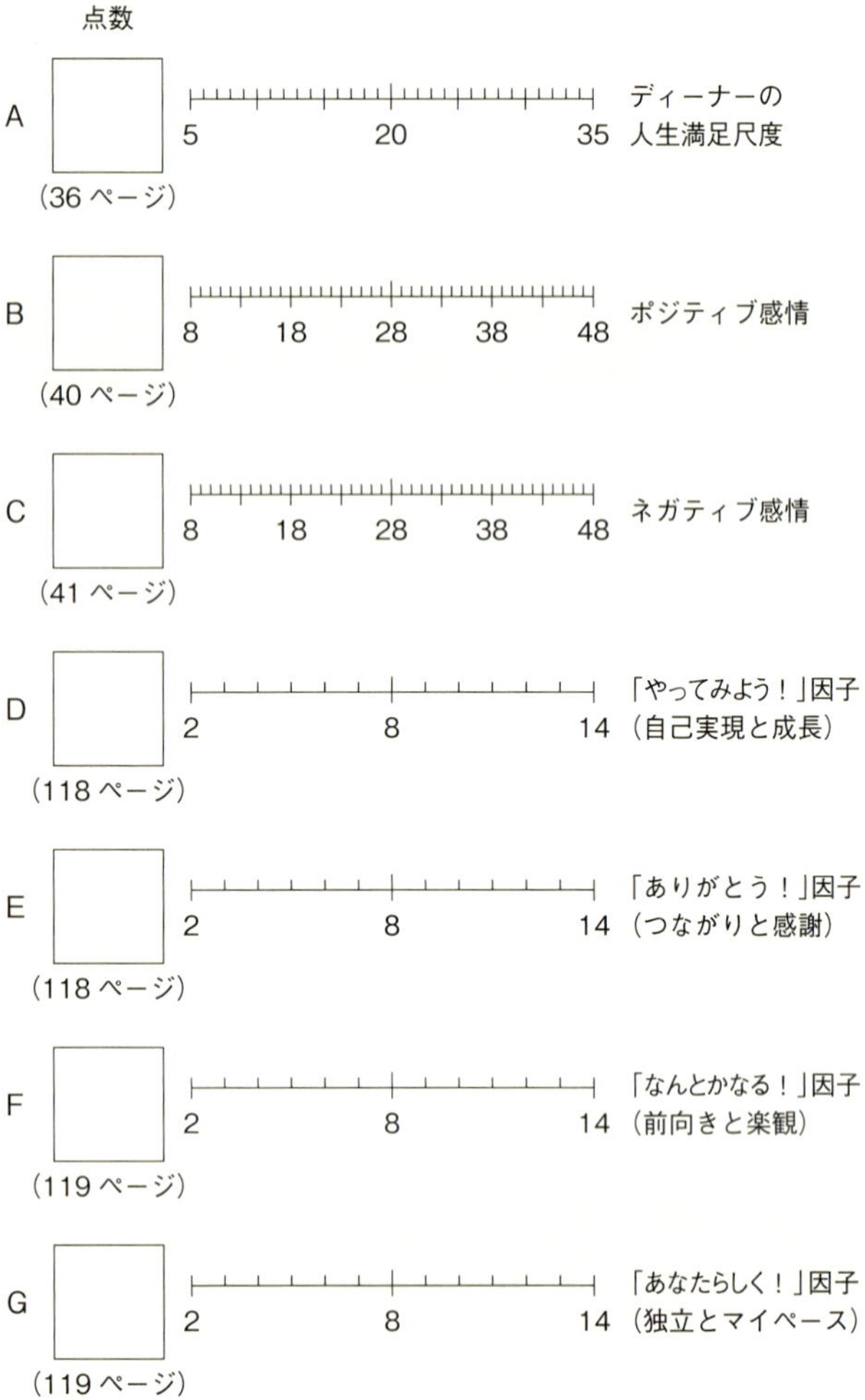
点数
A
5
20
35
ディーナーの
人生満足尺度
（36ページ）
B
8
18
28
38
48
ポジティブ感情
（40ページ）
C
8
18
28
38
48
ネガティブ感情
（41ページ）
D
2
8
14
「やってみよう！」因子
（自己実現と成長）
（118ページ）
E
2
8
14
「ありがとう！」因子
（つながりと感謝）
（118ページ）
F
2
8
14
「なんとかなる！」因子
（前向きと楽観）
（119ページ）
G
2
8
14
「あなたらしく！」因子
（独立とマイペース）
（119ページ）

図12　あなたの幸福度は？

幸せと不幸せの三つのループ

これまでに述べてきたことをもう一度まとめ直すと、以下のようになります。幸せには、長続きしない幸せと、長続きする幸せがあります。

前者は、地位財。金銭欲、物欲、名誉欲に基づいて、金、モノ、地位を得たときの幸せ。自分がどのくらいの位置にいるかを客観的に測れるので地位財と呼びます。しかし、思いのほか長続きしないからむなしい。なのに、人々はついついこれらを目指してしまいがちです。フォーカシング・イリュージョンです。

長続きするほうの幸せは、非地位財。その多くは、心的な要因による幸せです。心的な要因は、他人と比べた地位として測れない。直感的に、幸せにつながっていると実感しにくい。だから、目指しにくい。そんな幸せの要因を幸福学研究成果から集めてきて、多くの人にアンケートし、コンピュータで因子分析した結果をお見せしました。四つの因子とは、「自己実現と成長」「つながりと感謝」「前向きと楽観」「独立とマイペース」。そして、どうも、四つの因子をどれも満たした人が幸せな人らしい。

イメージ図を描いてみましょう。図13は、幸せと不幸せの因果関係ループ図です。一番上が、非地位財である心的な四つの幸せの因子を目指す幸せの好循環ループ。まんなかが、長続きしない幸せである金、モノ、名誉を目指してしまう誤った幸せのループ。一番

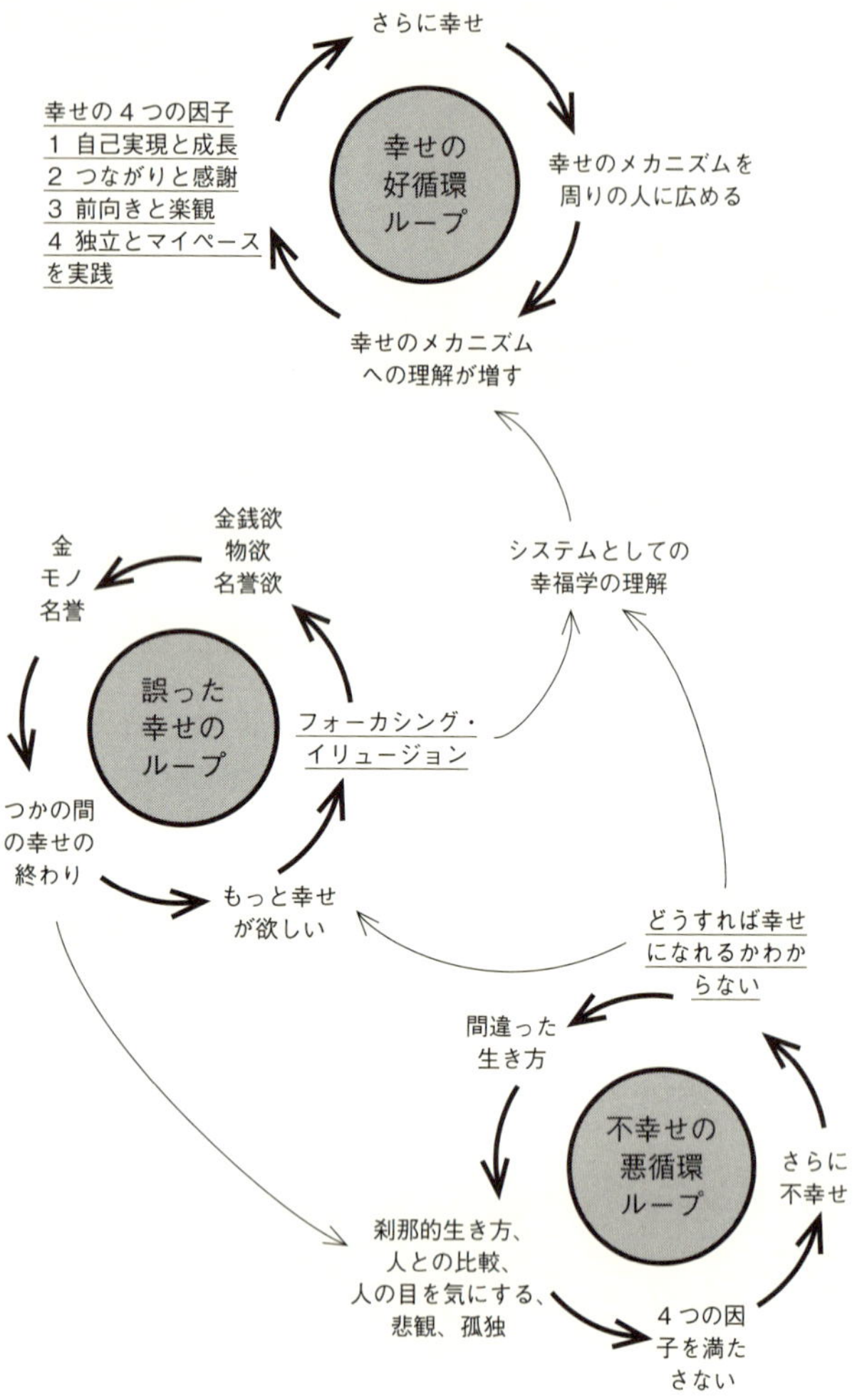
さらに幸せ
幸せの好循環ループ
幸せのメカニズムを周りの人に広める
幸せのメカニズムへの理解が増す
幸せの4つの因子
1 自己実現と成長
2 つながりと感謝
3 前向きと楽観
4 独立とマイペース
を実践
システムとしての幸福学の理解
金銭欲
物欲
名誉欲
金
モノ
名誉
誤った幸せのループ
フォーカシング・イリュージョン
つかの間の幸せの終わり
もっと幸せが欲しい
どうすれば幸せになれるかわからない
間違った生き方
不幸せの悪循環ループ
さらに不幸せ
刹那的生き方、人との比較、人の目を気にする、悲観、孤独
4つの因子を満たさない

図13　幸せと不幸せの因果関係ループ

下が、幸せになれない不幸せの悪循環ループ。

人は、一番下の不幸せのループを抜け出そうともがいたあげくに、真ん中の誤った幸せのループにトラップされがちです。しかも、気を許すと不幸せのループに逆戻り。

下線を引いたのが、それぞれのループのレバレッジポイントです。レバレッジポイントとは、そのループをてこ（レバー）で拡大するように、より強化するきっかけになるポイント。

下の不幸せのループのレバレッジポイントは、そもそもどうすれば幸せになれるかわからないということ。真ん中のループの場合は、フォーカシング・イリュージョン。これらを断ち切れば、上のループに至れます。断ち切れないと、二つのループを行ったり来たりするばかりで幸せになれない。

本書の主張は、下の二つのレバレッジポイントを断ち切り、幸せのメカニズムを理解し、幸せの四つの因子を実践することにより、自らも周りの人も幸せにしていく好循環を築けるのではないか、ということです。

現代日本人の幸福の形

四つの因子をどう実践すればいいのか、これから、私の考えを詳しく述べていきましょう。その前に、誤解のないように、ひとつ、もう一度述べておきますが、因子分析で求めた四つの因子は、現代日本人千五百人に対し、現在わかっている幸せの要因についてアンケートした結果です。要するに、哲学や倫理学のようにトップダウンに「幸せはこうあるべき」と論じているのではなく、人々の幸せの要因がどのようであるかをボトムアップに（つまり、人々の現実から）構成した結果です。したがって、時代や国が違うと、因子の構造も違うでしょう。因子の順番が変わるかもしれませんし、ここにない因子が出て来るかもしれません。つまり、四つの因子は普遍的なものではなく、あくまで現代日本人の幸せの特徴を表したものだということです。もちろん、私自身の実感としては、幸せの因子の構造は時代とともにそんなに変化するものではなく、数十年くらい経っても色あせないものだとは思っています。

内閣府の「国民生活に関する世論調査」によると、一九七〇年代前半までは、日本人は「心の豊かさ」よりも「物の豊かさ」のほうが重要と考えていました。幸福学の言葉で分析すると、物がない時代には、それがたとえ長続きしない幸せだったとしても、地位財（物の豊かさ）を蓄積することのほうが、非地位財（心の豊かさ）を求めることよりも重要だったということでしょう。しかし、一九七〇年代後半に逆転し、差は開く一方です。近年は、「物の豊かさ」派が三〇％程度、「心の豊かさ」派が六〇％台と、「心の豊かさ」の方が大切だという方のほうが圧倒的に多くなっています。前に述べたように主観的幸福研究が盛んになっているのも、時代の傾向を反映しているというべきでしょう。

したがって、同様に、数十年後には、現在とは幸福観が違ってしまっている可能性も否定できません。心の豊かさから、（未知の）○○の豊かさへ。しかし、これからの数十年は、物から心へ、地位財から非地位財へ、という動きが加速する時代、つまり、本書で述べたことがより一般に浸透し理解され目指されるようになる時代なのではないかと私は思います。

では、先ほど述べた「幸せの四つの因子」について、一つずつ、私の解釈も交えながら、詳しく吟味していきましょう。

3 「やってみよう！」因子

自分の得意なことを伸ばす楽しみ

第一因子「やってみよう！」因子（自己実現と成長の因子）は、コンピテンス（私は有能である）、社会の要請（私は社会の要請に応えている）、個人的成長（私のこれまでの人生は、変化、学習、成長に満ちていた)、自己実現(今の自分は「本当になりたかった自分」である)に関係した因子です。

しかも、「日常的な目標と人生の目標の間に一貫性がある人は、人生満足度が高い」(付録㉘)という結果もあります。「目の前のことばかり考えていないで、先のことも考えよう」です。

このようにいうと、それって、「目標を持ち、頑張って、競争に打ち勝とう」というような、一昔前の、西洋近代進歩主義的な考えではないか、とおっしゃる方がおられます。「激しい進歩の波に乗れる者が正しく、この場に留まる者は負け組なので、無理にでも元気に振る舞って、時代の流れに乗ろう」と主張する、合理主義・効率主義の手先のようだ、と。現代という時代は、そんな、「戦って勝とう」的な幸せではなく、もっと、何もしない幸せ、ゆっくりと自分を見つめるような幸せを、見直すべき時代なのではないか、と。

私の解釈は違います。逆です。ただし、何もしないで自己実現もしないゆったりした生き方もいいではないか、と思っているのではありません。ここは重要なところなので、誤解なきよう、詳しく説明したいと思います。

どういうことかというと、幸せの第一因子とは、「地球上の人類、七十億人が、七十億通りのやり方で、小さくてもいいから自分らしさを見つけ、その七十億分の一の個性を活かして、社会の中で自分らしく生きていくようなあり方」なのではないかと思うのです。
地位や名誉や金など、画一的な地位財を得ることを目指せ、というのではありません。それぞれのそれぞれらしいなにかを見つける時代だと思うのです。

よろしいでしょうか。私の言う「コンピテンス」とは、何か画一的な意味で他人に打ち勝つというような意味ではなく、多様な良さを、いろいろな人が発揮するという意味です。それはリア充的でも活動的でもなくていい（あってもいい）。静かに万葉集を理解することで秀でているのだっていい。オタクだっていい。なんだっていいんです。でも、「ただふつう」ではなく、自分は何が面白くて、何を求めているのかを、明確にわかっている人こそ、幸せな傾向がある。

「社会の要請に応えること」も「個人的成長」も「自己実現」も同様です。「社会の要請」は進歩主義的な意味での発展への量的貢献という意味ではなく、それぞれなりに、世界のたくさんの人のうち誰かが、ささやかでもいいから喜ぶような何かを発揮するということ。「個人的成長」も進歩主義的な意味で知識や能力を得ることという意味ではなく、各自の多様な興味に応じて何か充実感のある成長を得るということ。「自己実現」も、もちろん、名誉や地位や金銭を得ることではなく、七十億人それぞれが、やりたかった多様なものごとのうちのひとつを実現すること。「自己」の実現ですから、時代に押し付けられた何かではない。自分なりの何かの実現です。

全く、画一的ではない。多様でいい。いや、多様だからこそ、いい。画一的な基準では、勝者と敗者に分かれます。一人が勝ったら、あとは負け。しかし、もしも、七十億通りの自己実現があったら、七十億人、みんな、自分が一番のエキスパートです。つまり、勝ちか負けかという価値基準そのものが無意味になる。

合理的でなくてもいい。金銭的価値や、効率や、社会的意義に、結びついていなくてもいい。なんでもいい。

変でもいいし、意味がなくてもいい。例えば、「棚田で騒ぐ」という活動をしている人がいます。一見、意味がわからない。経済合理性から考えると、一見、意味がない。しかし、やっているみんなは楽しいんです。思い出になる。相互理解になる。団結力にもなる。地域の力になるんです。それでいいじゃないですか。

オタク・天才・達人を目指せ！

現代社会は、グローバル・ネットワーク社会だと言われます。世界がつながる時代。そのひとつのきっかけは、インターネットですよね。ピラミッド型の縦割り組織に所属し、外は見なかった従来型の階層型社会と違って、人々が、組織や地域の壁を越え、誰とでもフラットにつながれる社会。

これは、オタクが見直される社会でもあります。オタクとは、もともとは、自宅にこもって外の人との関係を絶ち、好きな趣味に打ち込む人のことでした。たぶん世界中に同じ趣味の人はいたのでしょうが、なかなかつながれなかった。しかし、今はインターネットがある。だから、その気になれば、つながれる。つながってみると、意外と大きな数になる。

たとえば日本人の千人に一人が、あるコアな趣味を持っているとしましょう。一億人の千人に一人というと十万人です。十万人がネットでつながると、これは大きなパワーになる。だから、アニメも、メイド喫茶も、前よりもつながるばかりか、クールジャパンと呼ばれて欧米で脚光を浴びているわけです。

フランスやアメリカで毎年行われているジャパン・エキスポ（Japan Expo）は、大盛況です。何十万人もの人が集まる。しかし、日本人はほとんどいない。欧米の方が、日本人そっちのけで、日本のいわゆるサブカルチャーを楽しんでいる。グローバル・ネットワーク社会とは、マイナーだったオタクが、世界のどこかで脚光を浴びることのできる時代なんです。

ロングテール現象も似た現象です。従来の書店では、一定数以上売れないマイナーな本は、店頭に置かれなかった。店頭に置ける本の数には限界がありますから。だから、売れない本は、たとえ一部の熱烈なファンに支持されていようとも、絶版になるしかなかった。

しかし、アマゾンのようなネット販売になると、在庫は最小限しか持たないし、持つにしてもどこか田舎の倉庫に置いておけばいいから、あまり売れない本も扱える。あまり売れないと言ったって、そのへんの本屋よりも圧倒的に顧客数が多いから、珍しい本を買ってくれる人がアクセスしてくれる。だからロングテール（長い尾）のように、売れる数が少ない多くの本が生き残れる。それぞれの売り上げは少なくても、たくさんの多様な本が売れていく。

電子書籍の普及はそれに拍車をかけるでしょう。もはや在庫すらいらないのですから、さらにロングテールは長くなり、希少価値のある本も売れない本も買えるようになります。多様化の時代です。ある程度以上売れない本がデジタル的に（一かゼロかで）切り捨てられていた社会から、アナログ的に社会につながり続けていける社会へ。つまり「デジタル時代はアナログ時代」です。

グローバル・ネットワーク社会とは、一方では、世界中の人が情報を共有するので、巨大な画一的ヒットが生まれる反面、多様な希少価値の方も生き残れるオタク社会でもある、ということができます。そして、それは、二極化ではない。なめらかにつながっている。

一億総オタク化（いや、世界的には、七十億総オタク化）を目指す社会です。オタキフィケーション（otakification、造語）です。

極端な話、一億人（七十億人）が全員、それぞれの独特のオタク的目標を見つけることができれば、全員が自己実現できます。先ほども述べたように、勝ちか負けかという画一的な価値判断が無意味な、全員自己実現社会です。

オタクという言葉がお気に召さない方のために別の表現をするなら、一億（七十億）総天才化時代といってもいいでしょう。天才とは、圧倒的に秀でていること。世界には七十億通りの価値軸があり、七十億人がそれぞれに秀でているのですから、七十億総天才社会です。

アインシュタインも言っています。「誰もが天才だ。しかし、魚の能力を木登りで測ったら、魚は一生、自分はだめだと信じて生きることになるだろう」と。魚は魚らしく、自分の天賦《てんぷ》の才を見つけ出すべきなのです。

「天才」だとハードルが高く感じられる方もおられるかもしれませんね。「達人」というべきかもしれません。努力の結果、みんながそれぞれに何かを極めるのが「達人」です。

七百万個のオタクサークル

七十億通りのオタク・天才・達人というのは極端かもしれません。では、千人の会員がいるオタク（または天才・達人）サークルがあることを想像してみてください。会員千人と言えば、立派な大規模サークルですよね。会員はコアな活動を行っている。たとえば、私がやっている例で言うと、コンテンポラリーダンス。実は私はコンテンポラリーダンスのゴッドマザーと言われる黒沢美香《くろさわみか》に師事して「ミカヅキ会議」というユニットを組み、ダンサーとして活動しています。たとえば、このファンが千人いるとしましょう。今のところ千人もいませんが、これはまだ知名度が低いからで、もしも世界中のコンテンポラリーダンスファンが知ったら、七十億人のうちの千人くらいはファンになるんじゃないかと思うんです。七十億分の千というと七百万分の一。気の遠くなるくらい小さな数字ですね。七百万人に一人。それくらいはファンになってくれそうですよね。

そういう、千人のサークルが、世界中に七百万あることを想像してみてください。七百万種類のオタク集団（天才・達人集団）。それぞれ、何か独特の強みや趣味や共通の価値を共有し、共感している集団。面白い社会だと思いませんか。

七百万種類もあるのか、という疑問がわくかもしれません。それから、世界中から七百万分の一の確率で、自分に最もあったコアな活動を見つけられるのか、という疑問もわくかもしれません。

そのとおり。現時点では無理です。インターネットがまだまだ不十分だからです。世界には、まだまだ、インターネットが行き渡っていない地域も少なくない。それから、SNS（ソーシャル・ネットワーキング・サービス）もまだまだ萌芽的です。知り合いとつながるくらいのことは簡単にできますが、世界中の人の趣味や人柄や特徴を、リアルに話しているときのように詳細まで知ることができるようなサービスには、全く至っていない。パソコンやスマートフォンの情報処理速度も画像の解像度も入出力インタフェースも全く不十分です。

どれくらいになればいいかというと、以下のような感じでしょうか。

グローバル・ネットワーク化する未来世界

めがね型の視覚情報提示デバイスが、現実と変わらないくらいの高精細の三次元画像を目の前にリアルに提示してくれ、あなたの表情の微妙な変化や日常の興味や趣味や仕事ややりたいことを詳細まで取り込んでくれ、世界中の七十億人の詳細なデータを自動的に蓄積し整理しつながるべき人を紹介してくれる。

　七十億人の中から、あなたの本当の友達を見つけてくれる。あなたが本当に知り合いたかった人を。しかも、セキュリティーの問題が生じないように。同時通訳もしてくれるといいですね。

　実物大よりも拡大表示もできますから、実際とは違った臨場感でつながれます。世界中の人の高精細三次元画像が、目の前の空間に、実際の数倍の大きさで提示されたら。これは圧倒的です。興味と必要に応じて、世界中の誰とでも、超リアルに会話できる世界。

　もちろん、複数人のバーチャル3D画像の同時提示も可能でしょう。情報の遅れや欠落を補完するような技術も進展するでしょう。デバイスを装着していない画像に変換して提示するとか、視線を合わせるように見せるとか。工夫の余地がたくさんあります。

　商談や会議にも使えます。ビジネスチャンスにあふれています。

　いつでもどこでも誰にでも会えるということは、人々は皆、大自然の中のリゾートにだって住めるということでもあります。産業構造も生活習慣も変わるでしょう。

　これからは、チャンスの時代です。多様な文化の発信をいかに促進し、担うか。新しい世界をどう創っていくか。巨大市場が生まれることは、まちがいありません。

　幸せの本ではなく、未来ビジネスの本みたいになってきましたが、こんな世界は、確実にやってくるでしょう。本格的なグローバル・ネットワーク社会です。現在とはそのほんの始まりのフェーズであり、まだまだ、非常に不自由なネットワークができ始めているに過ぎません。

みんなが多様な夢を実現する社会へ

世界は、誰とでもリアルにコミュニケーションできる社会に向けて発展していくのだと思います。話を戻すと、そこでの「自己実現と成長」は極めて多様です。画一化時代の終焉です。

つまり、歴史を振り返ると、原始の時代、情報の交流は困難だった。だから、多様な社会が生まれた。隣の部族と殺しあうような世界ですからね。交流は限定的だった。だから、世界各地に多様な文化があった。それから時を経て、統合が進み、部族は文明に集約化された。地域間の交流も進んだ。しかし、紀元前五世紀ごろにインド（現在のネパール）で始まった仏教が日本に伝来するまで、千年ですよ。ネパールからチベット、中国を経て、日本に来るまで、千年もかかっていた。その間に仏教自体も変化した。時間が、多様性を育んできました。

しかし、近代以来の大規模化、合理化、効率化は、みなさんご存知のように画一化を進展させた。日本のどこの都市に行っても、同じようなコンビニがある。いや、世界のどの都市に行っても、同じようなハンバーガーショップがある。そして、インターネット。ネパールからもインドからも、瞬時に情報を得ることができます。だから、世界中の流行を、どこにいても享受できます。まさに画一化の進展です。しかし、現代人は、画一化にうんざりし始めている。人々は、もっと個性的でありたいはずです。みんな、自分らしく、自分なりに、自分だけの人生を歩みたいはずです。小さくても、自分だけの物語を。

これが、現代。真のグローバル・ネットワーク社会の幕開けです。これからは、多様性が生き返る。多様な幸せがよみがえる。私たちは、なんて、素晴らしい時代に生まれてきたことでしょう。チャンスに満ち溢れた時代です。

長く力説してきましたが、「自己実現と成長」は、決して、画一的大量生産・大量消費時代の申し子的な価値ではなく、むしろ、アンチ画一、アンチ合理主義、アンチ競争社会の文脈で捉えるべき価値だと思います。多様な人間が、多様な良さを活かして、自分なりに変化していく社会。しかも、成長や変化は、社会から追い立てられる強迫観念によるものではなく、自ら望んで目指すもの。「できる人間になるために自分を磨こう」みたいな社会迎合主義ではなく（まあ、そういう人ももちろんいてもいいんですが）、自分だけの個性的な変化を楽しもう、というような意味です。

理想的には、七十億通りのオンリーワンを見つけ出し、七十億人が、ともに理解し共有し尊敬しあう世界。楽しいじゃないですか。考えただけで、うきうきします。

「あなたは何の達人なんですか」「ほお。すばらしい。私は実はこれでしてね」「ほお」みんなが生き生きとそれぞれの自己実現を果たしている世界。

いかがですか。豊かで幸せな世界だと思いませんか。

最近の若者はダメか、正直か

賛同しかねるとお思いの方もおられるかもしれません。

そんな、七十億通りもの多様なオタク・天才・達人なんて、存在しない。存在したとしても、私には見つけられない。私は、ただ平凡で取り柄がない。だから、オタクにも天才にも達人にもなれない。

ある若者から、「自己実現と成長」と言われるだけで頑張らなければならないという重荷を押し付けられたようで憂鬱になる、と言われたことがあります。そういう、大人たちの高圧的な表現が、若者には響かないのだと。今の世の中を、こんな、夢も希望もない世にしたのは大人たちなのに、夢も希望も奪ったあげくに「自己実現と成長」を目指せなんて、ほんっと、大人は勝手だと思う、と。

別のある大学生は、「自分は何をやりたいかわからない」と堂々と言っていました。最初、私はびっくりしました。私の若いころは、何をやりたいかわからないことは恥ずかしいことでした。だから、もしもやりたいことがわからなかったら、恥ずかしそうに言うか、何かやりたいことを無理やり作って半分うそでもやりたいことだと言うか、どちらかでした。もちろん、最近の学生にも、後者のように言う者はいます。年長者がそういう言い方を好むことも知っていますからね。したたかに計算してそう言っているのかもしれない。無意識に身に付けた処世術かもしれない。

私は、「自分は何をやりたいかわからない」とはっきり言う学生に対し、「最近の学生はダメだ」と安易に批判しようとは思いません。むしろ、彼らは、ある面で、すがすがしいですね。正直です。デフレ社会で、どの選択肢もだめに見えるから、昔よりそう思わざるを得ない社会の圧力もあるでしょう。時代が「自分は何をやりたいかわからない」若者を多数派にした結果、彼らが開き直れるようになったと見ることもできるでしょう。どんな理由であれ、正直です。

ところが、彼らと話していると、「自分は何をやりたいかわからない」ままでいいと思っているわけではなく、本当は、やりたいことが見つかったほうがいいとはわかっている、と言います。本当は、彼らも、オンリーワンになりたい。自分のオタク、天才、達人を発見したいのです。そこに希望を感じます。

私の主宰するヒューマンラボ（慶應義塾大学大学院システムデザイン・マネジメント研究科ヒューマンシステムデザイン研究室）では、天才性の研究をしている学生がいます。彼の研究によれば、カウンセリングのような手法を使うことによって、人々の中に眠っている天才性を引き出せます。みなさんの中のオタク性、天才性、達人性を見つけて開花させれば、誰だって幸福の第一因子を満たすことができるのです。幸福のための第一歩です。

松尾芭蕉型の幸せ

こうお思いの方もおられるかもしれません。いくら小さな自己実現でもいいと言ったって、進歩と成長を推奨しているではないか。やっぱり、「はりきってがんばりましょう」主義だ。自分は、平凡で、静かで、変化がなく、平穏な幸せがいい。「自己実現と成長」なんて言わずに、放っておいてくれ。

いえいえ、静かで平穏な天才・達人だって、いいんです。たとえば、江戸時代の俳人、松尾《まつお》芭蕉《ばしょう》。質素な生活をし、自然や人の面白さ、おかしさを俳句や紀行を通して表現した人です。

例えば、次の有名な句を見てください。

枯枝に烏のとまりけり秋の暮

ある秋の夕暮れ。枯れ枝に、カラスが停まったよ。それだけです。もっと有名な句「古池や蛙《かわず》飛び込む水の音」というのもありますよね。古い池にカエルが飛び込んで水の音がしたよ、というだけです。しかし、どちらもそのシンプルさの中に、カラスやカエルが静寂の中で動く鮮やかさが描かれています。ガサガサっという枝の音、ボチャッという水の音が聞こえてきそうです。ワサワサと揺れる枯れ枝の動きや、丸く広がる波紋の形が目に浮かぶようです。静かな世界の小さな物語の面白さ。

美しさや面白さ、おかしさを繊細に感じ取る天才。毎日のかすかな変化を感じ取る心が美しくユーモラスです。幸せな気分が静かに伝わってきます。よくわかります。うらやましいですね。自然と共生していた時代の幸せな俳人。

私も、ひそかに力強く生きる道ばたの雑草（雑草という呼び方もどうかとは思いますが）や虫、鳥、動物たちが好きです。通勤途中に小さな花や虫を見つけると立ち止まりしゃがみ込んで見入ってしまうほどです。日本人の美意識を受け継いでいるんだなあ、と思います。

若い頃、私は大自然が好きで、たとえばアメリカの国立公園の壮大さや野生動物のたくましさに感動したものでしたが、庭の小さな花や虫にはあまり興味がありませんでした。当時は見たこともない景色を見るために旅行に行くのが好きでした。しかし、最近は、小さな花や虫にも感動するようになりました。考えてみると、自然のすばらしさに、大きさなんか関係ないですよね。庭の花や虫にも、大自然の驚異が込められています。見たことのない感動は、小さな花の中にも確実にあります。日のあたり方、天気、気温、成長の度合いによって、日に日にダイナミックに変化する小宇宙たち。やってくる様々な虫たちの愛らしい行動。見ていると全く飽きません。というより、感動のスペクタクルです。

高いお金をかけて海外旅行に行く感動が、うちの小さな庭にも、道ばたの雑草にもあったなんて。五十を超えて、松尾芭蕉の気持ちがよくわかるようになりました。松尾芭蕉は、小さな美しさや面白さを見つけて楽しむ達人です。そして、私たちは、幸せなことに、こんな美しい日本の心を受け継いでいる。

私のいう「自己実現と成長」とは、「小さな美しさを愛《め》でる繊細な力の成長と、ある境地への到達」でもいいのです。

松尾芭蕉の幸せは、一見、ギラギラした世を捨てた隠遁《いんとん》者の静かで退屈な幸せに見えるかもしれません。GDPにもあまり貢献しないかもしれません。しかし、彼の心の中では、非凡で、鮮やかで、ダイナミックで、変化に富んだ体験なのです。これを「自己実現と成長」と呼ばずして、なんでしょう。

もっと、本当に、平凡で、静かで、変化がなく、平穏無事な幸せもあるはずだ、というご意見もあるでしょうか。感動や共感や興奮もない。坦々《たんたん》と過ぎ行く日々。毎日同じことの繰り返し。心には、喜びもない。しかし、悲しみも苦しみもなく平穏無事なら、これはひとつの幸せの形ではないか。

そうかもしれません。ただ、その幸せは、「とても幸せ／かなり幸せ／やや幸せ／どちらでもない／やや不幸せ／かなり不幸せ／とても不幸せ」という幸せのアンケート調査では、「どちらでもない」か「やや幸せ」と答えるくらいの幸せでしょうね。

本書での幸せの計測法は、既に述べたように、アンケート（幸福度や、ディーナーの人生満足尺度、ポジティブ感情、ネガティブ感情、生活満足度）で測るものです。あえて批判的に述べるなら、主観的幸福研究はいくつかの画一的尺度で幸せを測ろうとするものであって、喜びもないが悲しみも苦しみもなく満足でも不満足でもないような静かで無事な幸福を過小評価するものだ、ということもできるかもしれません。実際、喜びもないが悲しみも苦しみもないような感情の動きの少ない幸福を感じる方が実際におられると思いますので、本書はそういう方の幸せには配慮不足の可能性があるというべきかもしれません。

ただし、私自身は、平凡で、静かで、変化がなく、平穏な幸せというのは、感情の動きの少ない幸せではなく、松尾芭蕉のように、平凡で、静かで、変化がなく、平穏に見える日常から、あざやかな感動を繊細に切り取ることのできる達人の幸せ、つまり、ある種の「自己実現と成長」なのだろうと思っています。議論は残されているかもしれませんが、本書ではその立場をとります。

まとめると、幸福の第一因子は「自己実現と成長」。

一見、「幸せになること」と「自己実現と成長」は異なる範疇の事柄であるように思えるかもしれません。

「自己実現と成長」の結果、何かを成し遂げて、その結果、幸せになるかもしれない、と考える方はおられるかもしれませんが、ふつう、「自己実現と成長」が直接「幸せ」に結びつくとは考えませんよね。

しかし、「幸せになりたい」と思ったら、「幸せは人それぞれ」「幸せなんて気の持ちよう」「幸せなんて願って得られるものではない」などと言っていないで、まずは「自己実現と成長」を目指すべきなのです。すると、幸せはすぐそこにある。

そして、「自己実現と成長」は、合理主義的・競争主義的な意味で「戦いに勝ち残って大きな夢を叶えよう」ということではない。そうでもいいけれども、そうでなくてもいい。自己実現しているか、自己実現するために何かアクションをしているか、ということが大事なのです。それが「自己実現と成長」です。

4「ありがとう！」因子

つながり・愛情・感謝・親切

一方、第二因子は、「ありがとう！」因子（つながりと感謝の因子）。人を喜ばせる（人の喜ぶ顔が見たい）、愛情（私を大切に思ってくれる人たちがいる）、感謝（私は、人生において感謝することがたくさんある）、親切（私は日々の生活において、他者に親切にし、手助けしたいと思っている）などの要素から成ります。

こちらも、「自己実現と成長」と同様、「つながりと感謝」を大事にしていると、直接、幸せになれる、とは考えませんよね。いろいろな人とのつながりがあれば、その結果、いろいろといいことが起きて、幸せになるかもしれない、とは感じるかもしれません。また、「人を喜ばせたり、人に感謝したり、人に親切にしていると幸せになる」というよりも、「幸せな人は、心に余裕があるので、幸せの結果として、人を喜ばせたり、人に感謝したり、人に親切にしたりできる」のではないかとお思いかもしれません。たしかにそれはいいご指摘です。

第1章以来述べてきた幸せの要因の多くは、それらを満たすとその結果幸せになるのか、幸せだとその結果それらを満たすようになるのか、わかっていません。つまり、幸せの要因と幸せと、どちらが原因でどちらが結果なのか、わかっていないことだらけです。要因とか因子という言葉はそちらが原因であるような印象がありますが、そうではありませんので誤解なきようお願い致します。

本書の立場は「原因でも結果でもいいのではないか」です。実際、好循環の因果関係ループになっていて、繰り返しているのだと思います。そうであれば幸せなんですから、原因か結果かは気にせず、積極的に「つながりと感謝」を目指すべきだと思います。

たとえば、以下のようなことはありませんか?

たまの休日。誰かと会う予定があります。でも、気が進まない。仕事で疲れているので、家でゴロゴロしていたい。ゴロゴロじゃなくてもいいですね。ゆっくり、一人でいたい。

疲れているときに、新しい誰かと会う予定があり、しかも、新しい人たちと気が合うかどうかもわからないと、おっくうになります。まあ、半分社交辞令で、行けたら行くと言ったただけだから、いいか。さぼっちゃうか。

社交的な人は右のようなことはないかもしれませんが、おとなしく一人で思索するのが好きなタイプの方だったら、こんな経験、あるのではないかと思います。

そんな方に朗報です。きのうまでよりも幸せになるために。それは、今日から、一歩を踏み出し、何か新しい出会いを始めることです。つまり、「つながりと感謝」を伸ばすこと。これが、幸せのためのステップなのです。

たくさんの友人よりも多様な友人を

どんなつながりがいいか、については面白い条件があります。

「親密な他者との社会的なつながりの多様性（多様な人と接すること）と接触の頻度が高い人は主観的幸福が高い傾向がある一方、つながりの数（接する人の数）は主観的幸福にあまり関係しない」という結果があります（付録⑨）。私の学生の研究成果です。

要するに、友達（親密な他者）が多いかどうかはあまり幸福には関係ありません。少し意外ですね。これに対し、多様な友達がいることは、幸せと相関があります。同じような友達がたくさんいる人よりも、多様な友達がいる人の方が、幸せな傾向があるのです。つまり、いろいろな職業、いろいろな年齢、いろいろな性格、いろいろな国籍の友達を持っている人の方が、そうでない人よりも幸せなのです。さらに、そんないろいろな友達と接する頻度が高いほうが幸せなのです。

これも、友達が多様だから幸せになるのか、幸せな人は多様な友達を作る傾向があるのか、つまり、「友達の多様さ」と「幸せ」のどちらが原因でどちらが結果かはわかりません。多様な友達が多様なピンチを救ってくれるからなのか、多様な人には多様な面白さがあって味わい深いからなのか、幸せな人は多様な人を受け入れる寛容さを身に付けているからなのか。

わかっていることは、友達が多様な人には幸せな人が多く、友達が均一な人には幸せではない人が多い、という統計的な結果があるということです。

だから、仕事のつながりだけ、とか地域のつながりだけ、ではなく、多様な他者と親密になることが幸せの第一歩のようなのです。

では、どうやって、多様なつながりを手に入れればいいのでしょうか。

一つは仕事。職場の同僚、取引先の相手、お客さんなど、多くの人と接することから多様なつながりが得られるでしょう。

そうは言っても、自分の仕事は部屋にこもって行う仕事だ、という方もおられるでしょう。そのような方の場合は、私生活での活動でしょう。プロボノ（専門性を活かした社会貢献）やイベント・セミナー・NPOなど、世の中は、新しいつながりを求める人々の活気であふれています。さまざまな活動があります。簡単です。今日からこれらに参加することが、幸福の第二因子への道です。「自己実現と成長」のための勉強もいいですが、「つながりと感謝」につながる社会貢献活動がいいですね。

しかし、①忙しくて時間がないし、②疲れているし、③興味もない。そういう方も少なくないかもしれません。

それぞれについて考えてみましょう。

時間は作れる

まず①の時間。時間は、あります。テレビを見ている時間、ゴロゴロしている時間、週末、通勤時間、昼休み、電車の待ち時間など、どんなに忙しい人だって、一日に三十分程度の時間をひねり出せない人は、ほとんどいないのではないかと思います。私自身、予定表はスケジュールでいっぱいですが、こうして本を書いています。「忙しいのにいつ書くのですか」とよく言われますが、いつでも、です。たまたまですが今ここの部分はバス停でバスを待っている間に書いています。

時間を作り出すとっておきの方法があります。こういうと、私にはもう睡眠時間を削る以外に時間を作る方法はない、という方がおられますが、甘い。簡単な方法があります。仕事をこなすスピードを二倍にすることです。判断も、処理も、文章を書く速度も、二倍にする。すぐにはできないかもしれませんが、慣れればできます。すると、一日何時間も時間を作れます。

次に、②疲れているから休みたい、という方。たぶん、よっぽど肉体を酷使する仕事につかれている方でなければ、疲れのほとんどは肉体的疲労ではなく、精神的疲労でしょう。

残念ながら、精神的疲労は、ゴロゴロしていても、テレビを見ていても、ほとんど取れません。そのときは取れたようでも、またその精神的疲労の原因（たとえば仕事や、仕事上の人間関係）に直面しただけで憂鬱な気分とともに疲労感がよみがえってくるのではないでしょうか。精神的な疲労を取り去るための最大の方法は、その原因を克服するか、あるいは、その原因が小さなことだと思えるくらい「自己実現と成長」できるなにかに打ち込むことと、その原因に関連している人間関係が小さなことだと思えるくらいの新たな「つながりと感謝」を得ることです。だから、ゴロゴロしているよりも、行動したほうが、精神的な疲労が取れるのです。

人を幸せにすると自分も幸せになる

そして、③新しい人とのつながりに興味がない、という方。

たとえば、子供の学校のPTA活動に参加してみると、残念ながら、PTA活動に消極的な方が多いですよね。特に、お父さん。それから、働いているお母さん。仕事をしているから無理、という方。私にはできない、という方。何か貢献したいが、何をしていいのかわからないので、何か与えられればやるのだが、という方。どうして自分だけが社会貢献をしなければならないのだ。不公平だ。そうおっしゃる方もおられます。つまり、社会貢献には興味がない、という方。

しかし、考えてみてください。統計結果によると、「つながりと感謝の因子」を満たすと、何もしないときよりも、幸せになれる可能性が高まるのです。こんなお得なことはない。しかも、社会貢献することが、きっと「自己実現と成長」にもつながる。第一因子と第二因子を満たす人になれるわけです。こんなの、おっくうがっていてやらないなんて、もったいないじゃありませんか。幸せになりたかったら、興味がなくても、いろいろな人と会ってみるべきです。「幸せになりたかったら、社会貢献を」です。

もちろん、本当は、興味を持っていた方がいいですけどね。

社会貢献に尽力されている方は、逆に、自分が幸せになりたいからではなく、世の中を幸せにしたいから、貢献したいとお考えなのだと思います。「自分が幸せになるために社会貢献をする」なんて、そんな打算的な発想はおかしい、本末転倒も甚だしい、と憤慨されたかもしれません。しかし、自分では目指していなくても、前に述べたように「親切な人は幸せ」な傾向があります。だから、人を幸せにしたいと思っている人は自然と幸せになるようにできているのです。社会貢献をしたくないということは、まわりまわって、幸せになりたくない、と言っているのと同じことになってしまうのです。「自分が幸せになりたかったら、人を幸せにせよ」です。逆もまた真なり。「人を幸せにしようとしていたら、自分も幸せになる」。

図14に動かぬ証拠があります。この図は、内閣府経済社会総合研究所の調査結果の一部です。何らかの社会的課題解決のための社会貢献活動に関わっているか、関わりたいけれども今は関わっていないのか、興味がないのか、を質問し、同時に幸福度も質問した結果をまとめたものです。もちろん、統計的に有意な結果です。

結果は明白です。既に社会貢献活動に関わっている方が一番幸せ。関わりたいけれども、どうしていいかわからない、または余裕がないという理由で、今は関わっていない方は、関わっている方よりもすこし幸福度が下がります。そして、加わりたいと思わない方は、断トツで幸福度が低いのです。

みんなを幸せにするためにも、自分が幸せになるためにも、明らかに、社会的課題解決のための社会貢献活動に関わったほうがいいんです。明白です。議論の余地はありません。さあ、みんなで、社会貢献をしましょう。もちろん、仕事としてでもいいし、仕事以外の活動としてでもいい。みんなが喜ぶことをしましょうよ。みんなのために。あなたのために。

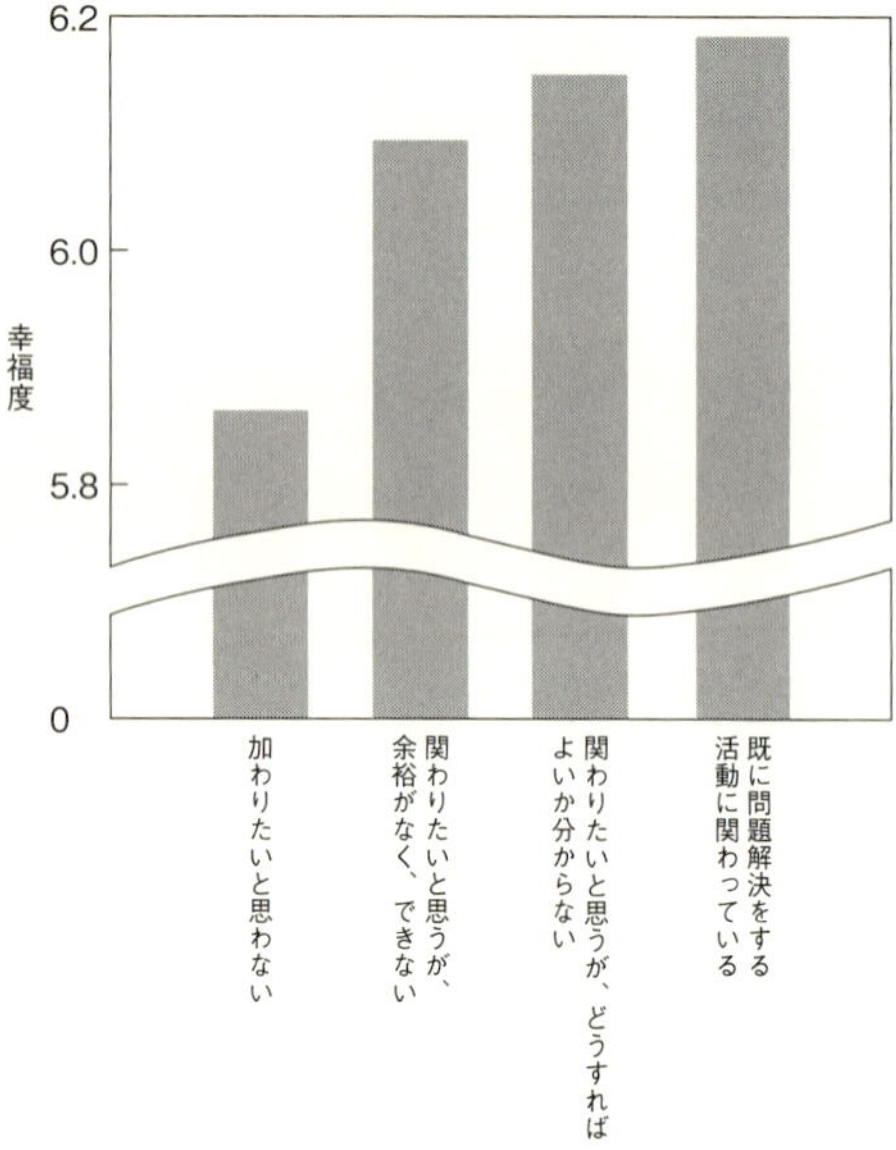

図14　社会的課題解決のための活動参加意欲と幸福度の関係

内閣府経済社会総合研究所「若年層の幸福度に関する調査」（2010～2011年）による

お金は他人のために使え

「お金を他人のために使ったほうが、自分のために使うよりも幸せ」という研究結果もあります（付録⑯）。

　ある実験中にお金を他人のために使った者とそうでない者の幸福度を比べたものです。例えば五ドルのお金を、他人のために使うようにと渡された被験者は自分のために使うようにと渡された被験者よりも幸福度が高まったそうです。また、収入の一部を他の人にあげたり、慈善事業に使う人は、自分自身のために使う人よりも幸福度が高いそうです。

　ここでもやはり、自分のためより、他人のため、ですよね。

　この研究は、実際に他人のためにお金を使った人が幸せになったわけですから、因果は明確です。お金に余裕のある幸せな人は他人のためにどんどん使えるということなのではなく、貧乏か金持ちかにかかわらず、お金を他人のために使っていれば幸せになれるのです。

　一般に、前者だと考えられがちかもしれません。「自分は貧乏だから、他人のために使う余裕がない。人のために使えるのは、余裕のある人だけだ」と思う方もおられるでしょう。

　しかし、こと幸せに関しては、お金があろうとなかろうと、地位財であるお金に縛られていない人は、非地位財による長続きする幸せを手に入れやすいのです。一方、貧乏だろうと金持ちだろうと、お金に縛られている人は、なかなか非地位財の幸せ、たとえば「つながりと感謝」に目がいく余裕がない。だから、幸せになれない。そういうことのようなのです。

お金も、モノも、地位も、地位財はみんな天下のまわりもの。独り占めしないで、他人のために使ったり、人にあげたりしよう。そう思っていると幸せになれるのです。

5 「なんとかなる！」因子

「そこそこで満足する人」が幸せ

第三因子は、「なんとかなる！」因子（前向きと楽観の因子）でした。楽観性（私はものごとが思い通りにいくと思う）、気持ちの切り替え（私は学校や仕事での失敗や不安な感情をあまり引きずらない）、積極的な他者関係（私は他者との近しい関係を維持することができる）、自己受容（自分は人生で多くのことを達成してきた）と関連した因子です。

一九九〇年代に、人格特性や主観的幸福の五〇％程度は先天的に遺伝によって決まっている、という研究結果が発表され、世の中を驚かせたことがありました。ミネソタ大学のデヴィッド・リッケン教授らの研究成果です（付録⑲）。

最近も、幸福度に関係する神経伝達物質セロトニンの伝達をつかさどる遺伝子の型により幸福度が異なる、というような研究が多く行われています。セロトニンは精神安定に寄与する脳内物質で、ちまたでは幸福物質と呼ばれることもあります。セロトニンの不足が情緒不安定やうつ状態を引き起こすことがあるといわれています。

これまでに何度も出てきた「楽観性」が、これらに関係していると考えられます。

ほかにも、これに関連した事例がたくさんあります。付録の幸福の四十八の要因を見てください。

「外向的な人ほど幸福」であること⑳、幸福度の高い人はよい出来事を思い出しやすく、出来事をポジティブに解釈する傾向があること㉑、神経症傾向の強い人は幸福感・人生の満足度が低い傾向があること㉔、スポーツ活動、社交クラブ、音楽・演劇団体、スポーツチームへの参加といったグループ活動は主観的幸福と相関があり、抑うつや不安を低減すること㊶。たくさんありますね。

まだまだあります。面白いところでは、ポジティブな気分は「関係性への着目」を促す一方、ネガティブな気分は「個別要素への着目」を促す傾向がある㉛というのがあります。物事について考えるとき、ポジティブな気分だと全体のことを考えることができ、ネガティブな気分だと細かい部分に目がいってしまう、というのです。だったら、経営者や政治家やコンサルタントなど、全体を俯瞰して物事を大きな視点から解決していくような仕事には、感情的幸福度が高い人が向いていそうです。言い換えれば、感情的幸福度が高い人がリーダーに向いているというべきかもしれません。

　多様な選択肢がある場合、「常に最良の選択を追求する人」と「そこそこで満足する人」を比べると、後者の方が幸福感が高い傾向があります（㉝）。また、似ていますが、「あらゆる情報を仕入れ細かく吟味派」と「ある程度適当でOK派」を比較すると、前者の方がうつ傾向が高く、後者の方が幸福感が高い傾向がある（㊱）、という結果もあります。これも面白いですね。

　残念ながら、私は、電気製品や衣料などを買う時、ネットで調べ、いろいろな店で調べ、他店より高かったら他店と同じ値段まで値下げするという店にも行き、表にして比較し、それで最も安くて信頼できるところから買う、ということを行ってきました。趣味というか癖みたいなものですね。しかし、こういう人より、まあ、少し高いかもしれないけどここで買っちゃうか、と細かいことは気にせずにポーンと買う人の方が幸せなようなのです。経済合理性から考えても、百円安い店を探すために一時間かけるくらいなら、その一時間を自己実現や人的なネットワーキングにかけたほうがよさそうですよね。

　いかがですか。外交的でポジティブで楽観的な人は、幸せであるばかりか、広く物事の関係を見ることができたり、時間を他のことに回せるなど、さまざまなメリットがありそうです。一方、内向的な人、ネガティブな人、神経質な人、うつ傾向のある人は、細かいことを気にしてしまうし、幸せでない傾向があります。

図15を見てください。前にも参照しました、内閣府経済社会総合研究所による「若年層の幸福度に関する調査」の結果の一部です。図を見ると、うつ傾向の高い人ほど幸福感が低くなっています。

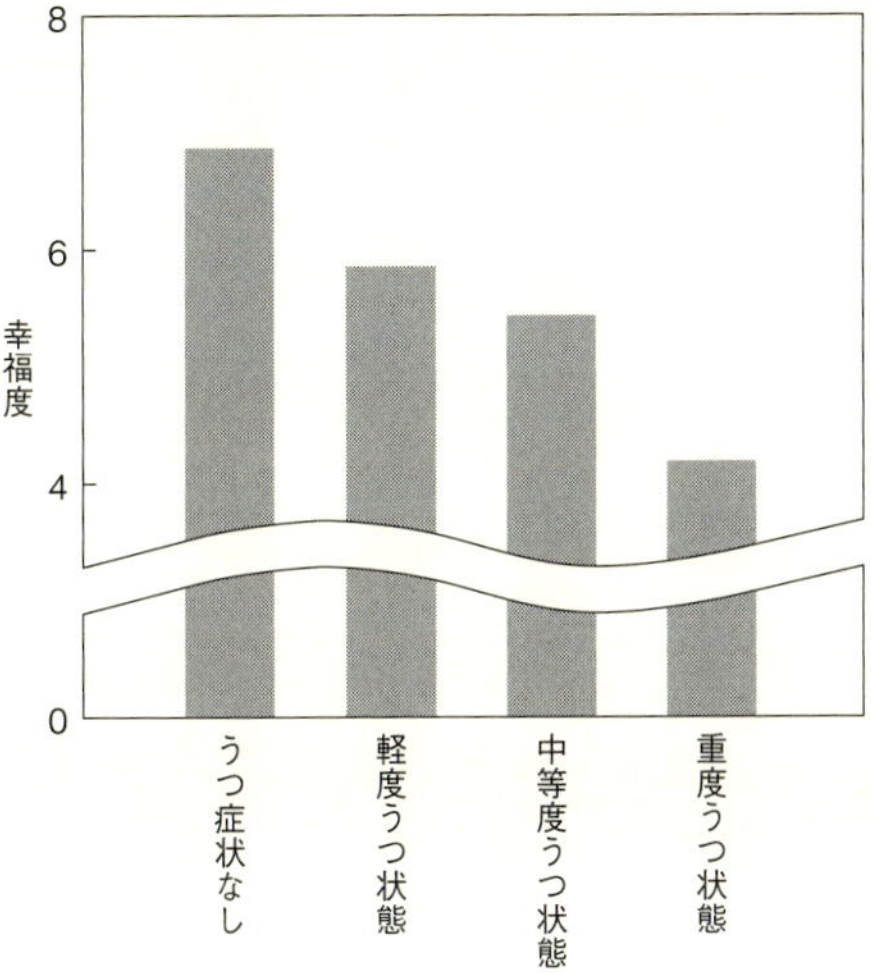

図15　こころの状態と幸福度の関係
内閣府経済社会総合研究所「若年層の幸福度に関する調査」（2010～2011年）による

残念ながら日本人の自殺率は高いですが、幸福度の低い層ほど希死念慮（死にたいという思い）が高い傾向があるという結果も出ています。また、孤独感が高い者は幸福感が低いという結果もあります。

そして、先ほど述べたように、外交的か内向的か、楽観的か悲観的か、おおらかか神経質か、といった気質は遺伝しますので、「幸せと感じやすいかどうかは、ある程度、先天的に決まっている」といえるのです。

悲観的な人でも幸せになれる方法

では、生まれつき幸福感を感じにくい気質の人は、幸せになれないのでしょうか。

私はそうではないとはっきり言い切れます。なぜなら、私自身、子供のころは、内向的、悲観的、神経質だったのですが、今ではそうではないからです。

たとえ、気質の半分は先天的に決まっているとしても、残りの半分は後天的な努力で変えられます。悲観的な人も、大丈夫。

私は高校生ぐらいまで、極端なくらい、引っ込み思案で内気な少年でした。はずかしくて、授業中に手も挙げられない。入りたい部活にも入れない。一人で買い物にも行けない。うじうじしていたせいか、いじめられっ子だった時期もありました。昔は「根暗」という言葉がありましたが、最近は「陰《いん》キャラ」というそうですね。

思いを心に秘めているけれども、内向的、悲観的、神経質で、思いを外に出せない陰キャラの少年だった私。いじめられたつらい思い出があったから、ますます殻に閉じこもってしまった、という面もありました。

しかし、人間は望めば変われます。

大学生になって上京し、一人暮らしを始めたとき、私は決心しました。もっと明るく積極的な男になろう、自分を変えようと。昔の私を知っている人はほとんどいない。これは自分を変えるチャンスだ、と思いました。無理やり、積極的に活動しました。

北海道に子供たちを連れて行って一ヵ月キャンプをするボランティアのサークルに入りました。いくつかの大学をまたがるサークルでした。それから、やりたかった美術部に入りました。思いっきり、自分の思いをぶつけて、作品の制作をしました。二年生の時には社交性が要求される渉外担当になりました。三年生の時には部長にもなりました。自費出版の小冊子の挿絵を描いたりもしました。「お客がほいほいバンド」というふざけた名前のバンドでサックスを吹いたりもしました。

最初は積極的な活動に慣れなくて、たくさん失敗をしました。ぐったり疲れました。でも、楽しかった。今振り返ると、もっといろいろとできたという気もしますが、当時としては精一杯、フル回転でした。

テニス、スキー、ウインドサーフィンなど、スポーツもしました。ディスコにも行きました。バブルのちょっと前くらいのころです。バイトもしました。焼き鳥屋の皿洗いから、家庭教師まで。恋愛もしました。

広島の両親に、毎週、今の生活は楽しいと手紙を書きました。本当に楽しかった。大学生のときは、毎日、「今日は昨日よりも確実に楽しくて充実している」と自信を持って言えるくらい充実感がありました。それを手紙に書くと、母は心配したものです。隆司は無理をして楽しいと言っているのではないか、と。優しい親心ですね。十八年間育ててくれた母が驚くくらい、私は変わったのです。

だから、心から言いたい。先天的な気質なんて、なんとでもなる。経験が人を変えるのです。日本人は諸外国人に比べてセロトニンの分泌が少なく、もともと幸せになりにくい国民であるらしい、などという研究結果があります。だったら、変えればいい。セロトニンがあふれ出るような楽観的な自分を作ればいいんです。

メタ認知の勧め

「自分が○○のように振る舞うよう、気をつける」ことや「自分を変える」ことのためには、認知科学でいうところの「メタ認知」が重要です。メタとは、「上の」とか「超」という意味。メタ認知とは、「超認知」。自分の認知をもうひとつ上のメタレイヤー（上の階層）から見ること。

自分が笑ったり怒ったり悲しんだりしているとしましょう。これが、あなたの心が行っている「認知」です。「メタ認知」とは、「笑ったり怒ったり悲しんだり」している自分を客観的に見ている心の働きのことです。人間は、さすが、高度な動物で、認知とメタ認知を同時に行うことができます。何かをしながら、その自分を見ることが。

ただし、これが得意な人と苦手な人がいるようです。すぐカーッとなる人って、いますよね。冷静なときには紳士なのに、カーッとなると、人が変わったように感情が高ぶって手を付けられない。

ある知人は、冷静なときに「またやっちゃったね。やるまいとおもっているんだけど、カーッとなると、止まらなくなるんだよね」と言います。冷静なときにはメタ認知ができている。冷静に自分を見ている。しかし、カーッとなると、メタ認知が利かなくなってしまう。冷静に自分を見る自分が働かなくなっている。

理性の力や人の目を気にする自分がメタ認知に関係していると言えるでしょう。で、自分を変えるには、自分は今どう振る舞っているかを、メタな視点から冷静に見る必要があります。メタ認知をしているから、自分の状態が客観的にわかる。だから、改善できる。つまり、変われるのです。

私は、自意識過剰で人の目を過度に気にする子供でした。自分がどう見られているかということが気になって、結局、何もできなかった子供時代。精神的金縛りです。言い換えると、自分がどう見えるかを自分で確認するメタ認知への感受性が高かった（高すぎた）のでしょう。そして、そういう人は、実は、自分を変えやすいのかもしれません。なぜなら、認知をしている主観的な自分と、それを冷静に見ている客観的な自分（コーチ）を、同時並列的に置くことが得意だということですからね。

大学に入ってから前向きで楽観的になれた理由や、学生のころよりも今の方がさらにそうなれた理由の一つは、今述べたメタ認知を心がけたからかもしれません。メタ認知が得意だった私は、自分を分析し、客観視し、改造した。考えてみると、私は、人間の心について分析するのが好きなんです。だから、昔は、自分の心を分析して自己改造した。今は、どうすれば幸せになれるかという人間の心のメカニズムについて研究したり本を書いたりしている。どちらも、まさに、人間の認知について客観的にモデル化しているということです。

年齢を重ねるほど楽観的になれる

学生のころよりも今のほうがさらに前向きで楽観的になれた二つめの理由は、歳をとるとともに脳の働きが変化し、細かいことが気にならなくなってきたからかもしれません。

どういうことかというと、二十代くらいのころの私は、緻密で正確に物事をこなすような人間でした。いわば、まだまだ今より神経質だった。

つまり、「関係性への着目」よりも「個別要素への着目」のほうが得意な青年でした。だから、迅速かつ確実に、細かい仕事をこなしたものです。人間ロボットまたは人間コンピュータ。しかし、歳を重ねるというのは面白いことですね。だんだん、細かい仕事はできなくなってくる。同時に、全体が見えるようになってくる。老練というのでしょうか。脳の一千億個の神経細胞がうまい具合につながりあって、全体としてバランスよく働くようになってきた。細かいことを考えるための脳の神経回路は劣化して、全体のことしか考えられなくなった、ともいえます。悪く言うと、老化。記憶力も、緻密な思考力も、低下した。しかし、実はそれは悪いことではなく、年長者のシステミック（システムとしての）でホリスティック（全体としての）な知恵に置き換わっていったということなのではないかと思うのです。しかも、細かいことが気にならなくなるのですから、楽観性の促進です。

読者のみなさんは、おいくつでしょうか。若い方は、まだ脳の働きがいい。だから、細かいことに目がいく。でも、まあ、なんとかなると楽観的に構えてください。細かいことは気にしない。逆に、経験豊富な方は、最近記憶力が落ちてきた、と気にされているかもしれませんが、気にする必要はありません。細かいことを考えない脳の構造を獲得して、より楽観的で幸せになれるようになってきたのですから、願ってもないことです。嘆くより、喜ぶべきことです。若い方も、人間はだんだんそうなるようにできていると、楽しみにしていてください。

つまり、歳を重ねることを「老化」と表現するのは間違いで、「脳の全体関係化」、幸福の「前向きと楽観」因子の獲得、ないしは「幸福化」、とでもいうべきことなのではないかと思うのです。

まとめると、幸福の第三因子は「前向きと楽観」。生まれつき神経質な性格も、気にする必要はない。老化も、気にする必要はない。みんな、大丈夫。なんとかなります。前向きに、楽観的にいきましょう。

しかし、楽観的になるためには、生活環境を全面的に変えるか、年齢を重ねるしかない、というのは極端ではないか、という疑問をお持ちの方もおられるでしょう。もっと簡単に「前向きと楽観」を身に付ける方法はないのか。

あります。

面白いから笑うのか、笑うから面白いのか

衝撃的な実験結果があります。ドイツの心理学者ストラックらの実験によると、ペンなどの棒を前歯でくわえると、唇でくわえた場合よりも、楽しい気分になったというので

す。棒をくわえるというばかげた遊びによって愉快になる効果もあるでしょうが、それが原因ではありませんでした。要するに、棒を前歯で嚙むことによって、笑った顔と同じような表情を無理やり作ると、楽しい気分になった、ということです。

私たちは、ふつう「楽しいから笑顔になる」と考えがちですが、この研究の結果は、「笑顔になるから楽しい」という因果もあり得ることを示しています。そうです。原因と結果が逆です。私たちは、楽しいから笑うのではなく、笑うから楽しいのかもしれないのです。

棒を嚙まなくてもけっこうです。試しに、思いっきり笑った顔をしてみてください。なんだか楽しい気分になってきませんか？　そうなんです。それだけでいいんです。

みなさんは、写真に写るとき、笑顔を作りますか？

私がアメリカで学んでいたころの記念写真を見ると、アメリカ人は写真に写るとき、歯を見せ、口角をあげて、ニッと笑って写真に写っています。ほとんどの人はそう。しかし、日本人はまじめですね。アメリカ人の笑いと比べるとおとなしめです。口は閉じて、ちょっとスマイルするくらいの場合が多い。

もちろん、大笑いする日本人もいますが、平均すると、日本人よりもアメリカ人のほうがよく笑う傾向がありそうです。これは文化の差だから仕方ないのかもしれませんが、私は、日本人ももっと笑ってもいいのではないかと思います。何しろ、先ほども述べたように、笑顔を作ると幸せな気分になります。この積み重ねは小さくないのではないかと思うのです。幸せになるために。

上を向いて歩こう

「上を向くとポジティブな気分になる」という研究結果もあります。人は、上を向いているときのほうが、下を向いているときよりも、楽しい気分になるのです。

古いですけど、坂本九《さかもときゅう》の「上を向いて歩こう」という曲がありました。あの曲では、上を向いて歩く理由は、ひとりぼっちの夜に涙をこぼさないため、ということになっていますが、幸せについても言及しています。「幸せは雲の上に。幸せは空の上に」そう、正解です。幸せは、上にあるのです。

たぶん、笑顔を作っていると幸せになるのと同じ原理でしょう。みなさん、下を向いてみてください。落ち込んでうなだれているときと同じようなフォルムになりますよね。同時に、なんだか少し沈んだ気分になりませんか。

逆に、上を向いてみてください。確かに、何か、すこし、希望に燃えた明るい気分になりますよね。だから、もっと上を向くといいのです。

現在のオフィスはそういう意味では良くない。そもそも、机に向かって下を向いて仕事をする、というスタイルは、ネガティブな気分をもたらします。パソコンに向かって前を向いているほうが、まだいい。もっと言えば、これからのオフィスは、パソコンをもっと上に配置して、すこし上を向いて仕事ができれば、みんな幸せになれるのではないでしょうか。会議室もそうですね。電子化が進んできてものを置く必要がなくなってきたので、机は下にあるべきではないかもしれません。机が上にあったら、生き生きと創造的な会議ができるかもしれませんね。

みなさんは、考えごとをするとき、上を向きますか。下を向きますか。天を仰いで「え〜と」という方と、腕組みをし下を向いて「う〜ん」と考え込む方とがおられるように思います。

発想法の分類でいうと、枠外思考と枠内思考ですね。上を向いて「え〜と」は、これまでの常識を超えて広く新しい答えを導こうとするイノベーティブなやり方。下を向いて「う〜ん」は自分の知っている枠内から答えを思い出そうとする、ないしは、論理的に導き出そうとするやり方。

前者はポジティブに「関係性」に着目するパターン、後者はネガティブに「個別要素」に着目するパターン（付録㉛）に関係していそうです。

そうなんです。腕組みをし下を向いて深刻な顔をして「う〜ん」と言うのをやめようとまでは言いませんが、ニコニコしながら上を向いて「え〜と」のほうが楽しく幸せそうであることは確かですよね。「上を向いて考えよう」です。

暗いとうつ状態になりやすいので、明るいところにいるべきである、ということも知られています。

北欧のバス停は、明るくライトアップされています。これは、北欧は冬に日照時間が短く、うつ状態になりやすいので、それを防止するためなのだそうです。だから、沈んだ気持ちになりそうなときには（もちろん、その原因を取り去るのが一番ですが）、部屋を明るくしたり、明るい戸外に出たりするのも一つの手なのです。性格が「暗い」「明るい」と比喩的な表現をしますが、これは正しいのです。

ポジティブな会話の極意

笑顔を作る、上を向く、など外見の話をしてきましたが、内面の話もしましょう。どうすればポジティブになれるのか。

そのまんまですが、一番大事なのは、ポジティブな会話をすることですよね。コミュニケーション学で知られている極意をご紹介しましょう。

上司から部下への指摘。

「□□の件、ダメじゃないか。××は、もっと△△にしてくれないと」

問題点を否定形で指摘するタイプの会話です。よくありますよね。部下は、へこみます。自分のへまを指摘されているのですから。これは、良くない指摘のしかたです。

ポジティブさが中くらいの指摘のしかた。

「□□の件。○○の点は良かった。ありがとう。しかし、××は、もっと△△にしてくれないか」

ちょっとやさしいですよね。まずは、いい点を言ってから、悪い点も指摘。半分、いいことも言われていますから、半分はやる気が出ます。でも半分はへこむ。プラスマイナスゼロですね。へこみっぱなしのさっきの指摘よりは、まだいいですけど。

では、一番ポジティブな指摘のしかたとは。

「□□の件。○○の点は良かった。すばらしい。さらに、××を△△にしたら、もっといいんじゃないかな」

まず、いい点の指摘。そのあとも、悪い点をネガティブに指摘するのではなく、ポジティブに助言する形になっています。これだったら、部下も、「さすが、○○さん。そうですね。すぐに××を△△にしてみます！」と元気に答えそうだと思いませんか。「さらに」と助言する点が重要です。「しかし」や「ただし」といった否定ではない。

そうなんです。実は、会話の中で、ネガティブな表現なんて、一つも要らないんです。百パーセント、不要。すべて、ポジティブな表現で伝えることができる。アメリカでは、先ほどの三つのうち、一番最後の表現が普通です。多様な人がいるから、差別的な表現や人を傷つける表現をせずに会話をするスキルが磨かれてきた結果なのかもしれません。アメリカにいると、なんだかとてもポジティブな気分になれます。もちろん、前に述べた笑顔もそうですし、ここで述べた会話のポジティブさもそうです。

アメリカにいたころ、ネガティブでパワハラ的な表現は、一度も聞いたことがありませんでしたね。私が接していたのは、カリフォルニア大学バークレー校とハーバード大学の教授たち。もちろんアメリカ人すべてがそうなのではないのかもしれませんが。

一方、残念ながら日本では、否定的な表現をふつうに聞きますよね。同僚の大学教授にも、気にせずそう言っている人が少なくないように思います。

笑顔の話と同様、文化なので変える必要はない、という議論もあるとは思いますが、私は、この点は変えるべきだと思います。

「お疲れさま」は禁止

日本人の美徳ではあるけれども、変えたほうがいいと思うところをもう一つ。今度は、自らを否定してしまうネガティブ表現。

あなたの夢は何ですか？　あなたは何をしたいですか？

こう聞くと、「できないと思うんですけど、〇〇です」と答える方が結構おられます。謙遜でしょうか。あるいは、照れ隠しでしょうか。

「こんなことを言うのは、恥ずかしいんです。本当は私なんかにはできないと思うから。でも、〇〇をしたいんです」

これは、本当に謙遜しなければならないとき、たとえば、できるというと自慢になってしまうようなときには、使ったほうがいい表現かもしれません。しかし、聞くほうの身にもなってください。そんな、できるかどうか自信がない人を、あなたは助ける気になりますか。まあ、私はなります。そこのネガティブ表現から治してあげたいと思います。幸せの研究者ですから。しかし、ビジネスの現場だったらどうでしょう。「〇〇をしたい。でも、できないかもしれない」という人より、「〇〇をしたい。私にはできます」という人のほうが、信頼し応援したくなりますよね。

それから、とても重要なことなんですが、「できないと思うんですけど、〇〇です」と言うと、あなたの言葉を、あなた自身の脳も、聞いているのです。聞くと、脳は聞いた内容を理解し記憶し定着しようとする方向に働きます。よって、自分はできないんだ、ということが頭の中に刷り込まれていきます。

笑顔を作ると楽しくなり、下を向くと暗い気分になるのと似ています。「できないかも」と言うと、できない気分になります。人間の認知は論理的ではなく、経験の影響を過剰に受けるのです。逆にいうと、慎重に、いい影響を受けるように持っていくと、心はいい状態になります。well-being（いい状態）ですね。

よって、部下との会話のみならず、他人に自分のことを伝えるときにも、ネガティブな表現はいりません。何のメリットもありません。すべて、ポジティブな表現だけで話すべきです。

関連して、最近、気になっていることがあります。「お疲れさまです」という挨拶。「お疲れさま」は、二十年くらい前には、仕事が終わって帰るときの挨拶でした。仕事を終えて疲れていることをねぎらう言葉です。しかし、最近は、社会人学生が、「こんにちは」という挨拶代わりに「お疲れさま」といいます。朝でも昼でも出あったら「お疲れさま」。

もうおわかりですよね。「お疲れさま」という言葉は、「私達は疲れている」というメッセージを互いの脳に刷り込もうという企みです。ありえない。こんな挨拶、いりません。

月曜の朝から、元気いっぱい働こうと思っているのに、どうして「お疲れさま」と水を差す必要があるんですか。しかも、「さま」というのは何様ですか。疲労の王様ですか。もう、日本中から「お疲れさま」を葬り去ったほうがいい。「お疲れさま」禁止です。

英語の挨拶を考えてみてください。

「あなたはどのようですか?」「元気。あなたは?」「元気」ですよね。

最近は、言葉もインフレしていて、「Fine」ではなく、「Great」や「Excellent」ですよ。「あなたはどのようですか?」に対し、「偉大」「卓越」。

これに対して、日本は「疲労の王様」です。

どちらが活気のある社会か、一目瞭然だと思いませんか?

私の知人に、なかなか強烈に幸福の四つの因子を満たしておられるユニークな経営者の方がおられます。その方に「お疲れさま」の話をしたら、その会社では、既に「お疲れさま」を禁止し、「絶好調!」という挨拶をすることにしているそうです。すばらしい。日本中、挨拶は「偉大」「卓越」「絶好調」にしませんか?

悪口、陰口、愚痴は人生の無駄

他人に何かを指摘するときにはポジティブに指摘しよう、他人に自分のことを伝えるときにもポジティブに述べよう、という話をしてきました。先ほども述べたように、すべての会話はポジティブな表現だけで成り立ちます。ネガティブ表現は全くいらない。

特に撲滅したいのは、他人の悪口。特に、陰口。

「あの人のやり方はここが気に入らない。こうすべきだ」というようなことを、本人のいないところで言うことがありませんか。恥ずかしながら、私も昔、言っていましたが、後で述べるように、何もいいことがない。だから、今は、心に決めて、本人のいないところでのネガティブな評価は、全くどこでもしないことにしています。もちろん、本人を前にしても、ポジティブな表現で話します。研究などの議論はしますけどね。つまり、内容への反論はするが、本人の批判はしない。「ここはこうなのではないか?」であって「あなたは間違っている」ではない。

陰口、悪口、ないしは、公然の批判。あるいは、愚痴。よくありますよね。一人敵を作ってみんなで悪口や愚痴を言うと、井戸端会議や飲み会でのストレス発散にはなるかもしれません。あの人のあそこが嫌い、いやだ、よくない、という話。しかし、本当に、ストレス発散でしょうか。

あるいは、彼と彼は派閥A、彼と彼は派閥Bに属していて、争っている。どちらが勝つんだろう、というようなうわさ話。みんな、興味津々です。

組織内部の対立は、単に内部摩擦としてエネルギーが消費されます。本来、一丸となってエネルギーをアウトプットするべきなのに、内部摩擦で使ったエネルギーは、外に出ない。これは大きな損失です。

そういう組織は、だめです。井戸端会議や飲み会でストレスを発散したようには見えても、長い目で見ると、組織の問題は解決しないから、ストレス発散を繰り返さざるを得なくなります。

だから、本人がいないところでの、本人についてのネガティブな評価も、不要です。それが悪口や陰口ではなく、本当に本人についての正しい評価だったとしても、全く不要です。誰にだって必ずいいところがあります。いいところだけ見ればいい。ばかげた無駄に時間を割くのは、もったいない。無駄です。

星槎《せいさ》大学の野《の》口《ぐち》桂子《けいこ》先生の御著書『あなたの子どもを救えますか』（マネジメント伸社、一九九八年）に出ている話を紹介しましょう。

日本の小学校では「みんな仲良く」といいますよね。しかし、表は「みんな仲良く」なのに、裏では陰湿ないじめがはびこることがあります。悪口、陰口、うわさ話の世界です。

これに対し、野口さんの子供がいたアメリカの小学校では、「好きでない人とは仲良くしなくてもいい。ただし、好きでない人の意見も、好きな人と同様に尊重し、たとえ嫌いな人とグループになっても、その人と協力して質の高い成果をあげる知性を身につけるべき」と教えるそうです。これが民主主義だと。

アメリカらしいですね。「好きでない人とは仲良くしなくてもいい」と言い切ることで、裏表のない、理路整然としたポジティブさが生まれています。アメリカのポジティブさの源泉は、多様さを認めあう、こんな前向きさなのかもしれません。

嫌な人がいたら、別に無理に好きにならなくてもいい。同時に、悪口、陰口を言わなくてもいい、ということ。繰り返しますが、ネガティブなエネルギーは、無駄です。そんなことをしている暇があったら、自分のオタク・天才・達人を育てたほうがいい。あるいは、新しく魅力的な人と知り合ったほうがいい。人生は短いんです。人の悪口を言っている暇はありません。ポジティブで楽観的に、生きましょう。今を幸せに生きようと思ったら、ネガティブなエネルギーをばらまいている場合ではありません。

ピグマリオン効果

教育心理学の世界では「ピグマリオン効果」というのも知られています。

「人間は、期待されると、期待された通りの成果を出す傾向がある」というものです。

「ピグマリオン効果」は、一九六四年に米国の教育心理学者ロバート・ローゼンタールによって提唱されました。教師期待効果、ローゼンタール効果とも呼ばれます。

ピグマリオンとは、ギリシャ神話に登場する王の名前。自分で彫った理想の女性の彫像に恋焦がれたピグマリオンの願いに応え、神が彫像を人間に変えたという神話です。願えば思いは実現する。ローゼンタールはこの神話からとって「ピグマリオン効果」と名付けたそうです。

「ピグマリオン効果」は、ローゼンタールが行ったネズミの迷路実験に由来します。まず、ネズミを二つのグループに分け、学生には、それぞれ、「利口な系統のネズミ」と「動きが鈍い系統のネズミ」だと伝えます。もちろん、本当は差などありません。次に、迷路による実験結果の差を調べます。すると、なんと、「利口なネズミ」と伝えられていたネズミの方が結果が良かったというのです。学生たちは、知らずしらずのうちに「利口なネズミ」の方を大事に扱ったり、ひいき目に見たりしたのではないかと考えられています。これより、ローゼンタールは、「期待をこめて他者に接すれば、期待をこめられた他者の能力が向上する」という仮説をたて、人間における実験を行うようになりました。

ローゼンタールは、サンフランシスコの小学校の児童に知能テストを行い、学級担任の先生には、今後数ヵ月の間に成績が伸びてくる学習者を割り出すための検査だと説明しました。本当は検査に意味はありません。担任の先生には、検査の結果とは関係なく無作為に選ばれた児童の名簿を見せ、この名簿に記載されている児童が、今後数ヵ月の間に成績が伸びる子供たちだと伝えました。すると、成績が伸びると伝えられた子供の成績が実際に向上したというのです。成績が向上した原因は、学級担任が子供たちに対して期待のこもった眼差しを向けた結果、子供たちも期待されていることを意識し頑張ったためではないかと考えられています。

この効果は、たとえ根拠がなくても信じれば現実化する、ということを表しています。ポジティブな期待をこめて育てられた子は、期待を受けて期待通りに成長する可能性があるのです。

私も、ピグマリオン効果を狙い、「うちの子供たちは大物になるに違いない」と本気で信じて子供を育てるようにしています。いつも思っているうちに、本当にそうであるような気がしてくるから不思議なものです。どんどんいいところが見えてきて、最近では大物になるとしか思えなくなってきました。おめでたい親だとお感じの方もおられるかもしれませんが、「うちの子供はここがだめ、あそこもだめ」といって育てるよりも、はるかに幸せです。お勧めです。

サザエさん症候群

内向的、悲観的、神経質な人が、外交的、楽観的、おおらかで幸せになる方法について述べてきました。

そうは言っても、難しいですよね。ただ、笑えばいい、上を向けばいい、ポジティブな会話を、大物になると信じろ、と言われたって、簡単にはいかないから難しいのが現代社会というものです。

現代社会ではうつ病になる人が増えていると言われます。うつ病は、内向的、悲観的、神経質な気質と関係深いと考えられます。そこで、もう一度、うつ病について考えてみましょう。

一般に、うつ病は、心の風邪《かぜ》みたいなもので、抗うつ剤を飲むこと、「頑張れ」と言わないこと、その人の気持ちに寄り添う人がいることが治療には有効だといわれています。抗うつ剤は、セロトニンの分泌を促進するなど、脳をもっと楽観的にするための処方ですね。

「頑張れ」と言わないこと、というのは、「自己実現と成長」が大事だ、と言わないこと、と言い変えることができそうです。つまり、うつ状態の人には、幸福の第一因子を無理に押し付けないほうがいいようなのです。頑張ることが負担になります。だから、平凡で、静かで、平穏なオンリーワンでもいいのです。

人の気持ちに寄り添う人がいること、というのは幸福の第二因子「つながりと感謝」を強めること。一般論として、職場や家庭の人間関係がうつ病に影響するといわれています。心からその人のことを思う、信頼感のあるつながりが、うつからの救いになります。

第三因子の「前向きと楽観」は、まさに細かいことなんか気にしないでうつ的にならないことの推奨ですね。

サザエさん症候群と呼ばれる症状があります。日曜日の午後六時半から放送されるテレビアニメ『サザエさん』を見るころの時間帯から、「ああ。週末ももうすぐ終わり、また明日から仕事かぁ」と考えると憂鬱になり、体調不良や倦怠《けんたい》感を訴える、という症状の俗称です。月曜になると憂鬱になるブルーマンデー症候群も似ていますね。

自殺者は月曜日が一番多く土曜が一番少ないことが知られています。また、体の不調が最も訴えられるのも月曜日です。脳卒中や心筋《しんきん》梗塞《こうそく》も、月曜日の発生が多いというデータがあります。

これらの原因は、土日に寝坊する不規則な生活習慣のせいではないか、という意見もあります。しかし、月曜からの職場や学校での仕事や人間関係が負担だから、という説明の方が妥当ではないでしょうか。私の場合、今は仕事が楽しくて、日曜の夜から月曜の朝の憂鬱は全く感じませんが、会社員だったころには、けっこうストレスを感じていた時期もありました。

なんともいえない重苦しい気分。しかも、何がいやなんだかよくわからない。仕事にはそれなりに満足しているし、職場の人間関係にだってそんなに不満はない。仕事もそれなりにうまくいっている。しかし、小さないやなことは、たくさんある。それらが無意識のうちに積み重なり合っているためか、やっぱりなんだか優れない気分。何だかわからない何かが自分にじわっとのしかかってくる感じ。よくわかります。これがうつ状態です。

私の場合、いつのまにか抜け出していたので、特効薬はわかりません。しかし、サザエさん症候群やブルーマンデー症候群にならないためのいくつかのコツは心得ています。ご紹介しましょう。

憂鬱な月曜を迎えないコツ

一つめ。土日も働いていること。土日に休むから月曜がおっくうになるのであって、土日も働いていると、毎日が平日。日曜も月曜も関係ありません。

江戸時代以前は、そもそも休日という概念が存在せず、盆、正月、祭礼の日だけ仕事を休んでいた人も多かったそうです。明治時代に欧米との交易の都合上、欧米と同じ仕組みにしただけともいわれており、別に土日に休む必要はないのではないかと思います。前に述べたように自由時間が短いほうが幸せ、というデータもありますし。

そもそも、なぜ、休まないといけないのでしょう。人間以外の動物に、週末はありませんよね。毎日が同じ。生体リズムから考えると、毎日同じのほうが明らかにリズムがいいと思います。

もちろん、ワーカホリック（仕事中毒）になれ、と言っているのではありません。私自身、仕事が余暇と同じくらい楽しくてしかたがないから働いているのであって、これを皆に強要する気はありませんが、土日まで働かないにしても、何か活動して活動のリズムを維持しているほうがいいと思います。

二つめ。公私混合。公私混同ではありません。今の私はまさに完全に仕事が趣味。趣味が仕事。私生活も仕事。何しろ、幸せの研究をしているのですから、土曜も日曜も幸せとは何かを考えている。幸せに家族や友達と過ごしたりもしますが、それも、なぜ、どのように幸せなのかを分析する。つまり、仕事です。私生活が仕事。仕事が私生活。職場の仲間も学生も家族。毎日を楽しんでいるから、毎日が休日のようなもの。「さあ、休日には、好きなことをするぞ」なんて思う必要がないんです。毎日、好きなことをしているんですから。

三つめ。公私混合の続きですが、仕事のことは家でも話す。家庭のことを、職場でも話す。何も秘密はないし、自然体。家族も同僚も学生も、仕事で知り合う方も、全員信頼していて包み隠すものは一つもない。みんな、広い意味での家族。そう思っています。つまり、人とのつながりについても楽観的。そして、信頼し合える多様な知人がいます。財産ですね。非地位財です。

四つめ。いやな仕事は全くしていないこと。ある面、わがままなんですが、やりたくない仕事はやらないようにしてきました。大学の教員というのは、つぶれない中小企業のおやじみたいなもので、自分がやりたい研究をして、自分のやりたいように学生を育て、自分も育つ、という仕事です。だから、好きなことだけしていられる。

残念ながら、好きなことばかりしていられる仕事というのはあまり多くないかもしれません。しかし、工夫しだい・気の持ちようしだいです。ある方がおっしゃっていました、仕事は面白く、職場は楽しく。少なくとも、どんな職場でも、楽しい職場作りはできるのではないでしょうか。

五つめ。やりたい仕事のビジョンも理念も目的も明確であること。

今の私の目標は、大学教育を通して、人物を育て、研究成果もあげて、人々の平和と幸福に貢献することです。

以上、週末や週の初めに憂鬱な気分にならない五つの理由でした。つまり、信念や情熱を持って生きていること自体が、月曜の憂鬱なんか吹き飛ばすということ。

絶対無からの楽観

最後に、私がポジティブで楽観的に生きていけるよりどころとなっている究極的な理由についても紹介しましょう。

それは「心は幻想だと知っているから」。実は、「よりどころなんか何もない」ことがよりどころ。

目指す方向は幻想、というのがフォーカシング・イリュージョンでしたが、何かを目指すと感じる心自体も、イリュージョンである。心は幻である。私たちは生きているようですが、最初から生とは幻想である。「お前は既に死んでいる」である。

幻想といわれると違和感があるかもしれません。本質的に、仏教でいうところの無、あるいは現代哲学がいうところのニヒリズムである、といいましょうか。要するに、逃げ水のようなもの。心は、明らかにありありとあるように思えるけれども、本当はない。

科学的な研究の結果、そう思っています。どんなにつらいことも、死よりはましですよね。ところが、私たちは既に死んでいるようなものである。死を恐れる必要はない。つまり、何も、怖くないし、辛くない。楽観も楽観。究極の楽観です。「絶対無からの楽観」です。

本書ではこの話に時間を割きませんが、こんな私の達観の境地について詳しく知りたいという方は、私がこれまでに書いた脳と心の本——たとえば、『脳はなぜ「心」を作ったのか』（ちくま文庫）——をご覧いただければ幸いです。

「死にたくない」「○○をしたい」「○○が欲しい」という欲望自体が幻想なのです。

ときどき、「地位財（金銭欲、物欲、名誉欲）を目指す欲望がなくなった無欲な世界なんて、覇気がなくてつまらないから、絶対にそうなりたくない」という若い学生がいます。大学院での私の授業「システムの科学と哲学」で、ある学生が主張していました。しかし、それは、全くの誤解です。

そういう学生には「俺を見ろ」といいます。覇気がないですか？　つまらないですか？　全くそんなことはありません。金銭やモノや名誉を自分のために使う欲がないだけで、世界の貧困を撲滅し、戦争や犯罪を撲滅し、縦割り組織の弊害を破壊し、人類が幸せに生きる理想世界を築きたい、という野望は巨大です。覇気もあるしやりがいもある。欲もある。ありすぎて、やる気無限大です。

歳を重ねると利他的になる

ただ、若い人は、地位財（金銭欲、物欲、名誉欲）を目指すのもいいでしょう。手にしてみないとなかなかそれらがイリュージョンだとは気づかないですからね。実際、幸福研究の一環として私たちが行った欲望の研究の結果、利己的欲求（自分は○○したい）は二十代をピークに年齢とともに減少し、利他的な欲求（社会や他人を○○したい）は年齢とともに増加していく傾向がありました。

人間は、年齢を重ねるにつれて「利己的」から「利他的」に移り変わっていく生き物のようです。メソポタミア文明のころから「近頃の若い者は……」という若者批判はあったといいますが、若いころは利己的で利他の意味がわからない者が多く、年を重ねると徐々に利他的になっていく、というのは世の常のようです。告白すると、私だって若い頃は今よりも利己的で、恥ずかしながら「歴史に名を残したい」というような強烈な名誉欲を持っていましたね。

若いころは、大いに利己的に自己実現を目指すべきかもしれません。利己的な欲望がやる気をドライブする面もありますからね。それに、経験するから、フォーカシング・イリュージョンに気づける。もちろん、個人差はありますが。

6 「あなたらしく！」因子

人の目なんて気にするな！

幸せの第四因子は、「あなたらしく！」因子（独立とマイペースの因子）でした。社会的比較志向のなさ（私は自分のすることと他者がすることをあまり比較しない）、制約の知覚のなさ（私に何ができて何ができないかは外部の制約のせいではない）、自己概念の明確傾向（自分自身についての信念はあまり変化しない）、最大効果の追求（テレビを見るときはあまり頻繁にチャンネルを切り替えない）に関係しています。

アメリカ人は「人の目を気にしない傾向」が強く、日本人を含む東アジア人は「人の目を気にする傾向」が強いといわれます。

東アジアは、調和を重んじる社会。目立たず皆と同じようにふるまうことが、均一社会での秩序のために大事。だから、人と自分をよく比較し、人と同じように行動することが重視されてきた、といわれます。

日本の教育もその傾向があります。

日本の小学校の教室には、「みんな仲良く」「協力しよう」「みんなに親切に」「ありがとうと言おう」「思いやり」「きちんとあいさつ」みたいな集団生活の教えがたくさん張り出されています。「人の目を気にしない独立した自分を」なんて、なかなかありませんよね。

　アメリカではどうでしょう。先ほども述べた野口先生の『あなたの子どもを救えますか』には、アメリカの小学校で、美術の先生が学期の初めに児童一人一人に配った「許可証」のことが書かれています。とても印象的です。見てください。

Permission
It's OK to try something you don't know.
It's OK to make a mistake.
It's OK to take your time.
It's OK to find your own pace.
It's OK to do it in your way.
It's OK to bungle so next time you are free of fear of failure enough to succeed.
It's OK to risk looking foolish.
It's OK to be original and different.
It's OK to wait until you are ready.
It's OK to experiment safely.
It's OK to question the "shoulds".

It is special to be you.
It is sometimes necessary to make a mess as long as you are willing to clean up. The Act of creation is often messy!

【訳】許可証
何でも知らないことに挑戦してOKです。

間違ってもOKです。

じっくり時間をかけてもOKです。

あなた自身のペースでやってもOKです。

あなた自身のやり方でやってもOKです。

失敗してもOKです。次には失敗を恐れず成功するために。

ばかげているように見えるリスクを冒してもOKです。

独自のこと、人と違ったことをしてもOKです。

心の準備ができるまで待っていてもOKです。

安全に気をつければ実験をしてもOKです。

「どうしてこんなことをすべきなのか?」と疑問を持ってもOKです。

あなたであること自体が特別なのです。

あとできれいにするなら、まわりを散らかしてもかまいません。創造的な事をするときにはまわりが散らかものです!


(野口桂子『あなたの子どもを救えますか』マネジメント伸社、一九九八年、54ページを改変)

間違ってもＯＫ、あなた自身のペースでやってもＯＫ、あなた自身のやり方でやってもＯＫ、失敗してもＯＫ、ばかげているように見えることをしてもＯＫ、独自のことをしてもＯＫ、人と違ったことをしてもＯＫ、やる気になるまでやらなくてもＯＫ。あなたらしく、自分らしく、人の目を気にせず、マイペースで、のオンパレードです。そりゃあ、子供のころからこんなふうに育てば、幸せの第四因子「独立とマイペース」を備えた人になるでしょう。

では日本はダメなのかというと、そう断じるのは行き過ぎだと思います。前にも述べたとおり、日本は、調和を重んじる成熟した社会だと思います。時と場合によっては、間違えず、皆と同じペースで、みんなと同じやり方でやったほうがいいこともあるでしょう。

では、どうすべきか。

高度ですが、両方できるようになってうまく使い分けることが重要なのではないかと思います。

ハードルがあがりましたね。ここで重要なのは、やはり、メタ認知だと思います。

メタ認知でマイペースな自分を

まわりと自分がどう振る舞っているかをメタ視点（俯瞰する視点）から見て、今はマイペースの時なのか、合わせるべき時なのか、判断しながら行動していく。もともとマイペースな人には難しいかもしれませんが、人の目を気にすることが得意な人にはできると思うのです。

もちろん、もともとマイペースな人は、既に幸せの第四因子を満たしているのですから、幸せの観点から言うと、あえてトライする必要はありませんが。しかし、不幸にならないように気をつけながらも、人に気を遣うことを学んでほしいものです。マイペースなアメリカ人をみると、うらやましい反面、ちょっとは空気を読んでよ、と言いたくなるときもありますよね。

もう少し詳しく述べましょう。

幸せの第三因子のところで、メタ認知の話をしました。メタ認知をすることで、「前向きと楽観」な自分（第三因子）に自己変革しよう、という話でした。ここでは、似ていますが、メタ認知をすることで、「独立とマイペース」な自分（第四因子）に自己変革しよう、という話をしようと思います。

メタ認知が得意な人は、自分を客観的に見つめることが得意なだけでなく、他人が自分をどう見ているかを客観視することも得意だと考えられます。他人が自分をどう見ているかを客観視できるということは、他人が自分をどう見ているかが気になることと関係がありそうです。

これらの関係は、もともと自意識過剰で、メタ認知が得意な私にはよくわかります。

要するに、引っ込み思案で自意識過剰な少年は、人の目がものすごく気になったんです。その理由は、よくいえば、メタ認知能力の高さ。悪くいえば、人は自分をどう見るかを気にする気持ちが過剰なこと。だから、人が自分をどう見ているかがとても気になった。幸せの第四因子、失格です。子供のころは、気になりすぎて何もできなかった。悪循環です。何もできないと思われていることが辛い。さらにできない。自分はダメだ、という自信喪失。

先ほども述べたように、悪循環を断ち切ったのが大学進学時の上京。一人暮らしでした。

それからは、好循環が回りだしました。メタ認知の得意さを活かして、自分を変革。つまり、前述のように、楽観的な自分（第三因子）に改造。同時に、マイペースな自分（第四因子）にも変革。

すると、うまくいく。自分がどう見えているかを客観視できるのですから、手の届く目標を掲げ、それに向かって何度もチャレンジを繰り返せば、自分を変えていけます。

理想的な自分を描けば、だんだんそれに近づいていく。だんだん、リーダーらしくふるまう自分、優秀な人らしくふるまう自分、楽観的でポジティブな自分（第三因子）、人の目を気にしないかのようにふるまう自分（第四因子）、というのを作ることができるようになりました。面白いもので、やっているうちに板についてきます。だんだん、それらしきものが、本当のそれになってきました。うれしいことですね。何十年も執念深く好循環のループをまわしていると、人間は変わります。

自分はできる。変われる。ピグマリオン効果の自分版です。さあ、みなさん、自分を信じましょう。

苦手だからこそ上達できる

悪循環だったころは、内気で、神経質で、暗かった私。人の目が気になってしかたがありませんでした。

好循環になると、面白いものです。内気、神経質、暗い、人の目が気になる、といった性質はどういうことなのかがよくわかっているので、思いっきり反対の世界に飛び込むことができるのです。そのメカニズムも明快。苦手な分野の方が成功する、というのがよくわかります。もともと得意な分野だと、どうしてそうなのかと考えないから、メカニズムがわからない。天才的に得意だったらいいけれども、そうでない場合には、メカニズムがわからないとそれよりも上には行けない。それに対し、もともと苦手な分野は、苦労しているから、何が重要か、その分野で勝ち抜くためのメカニズムがよくわかる。だから、もともと苦手な分野でのしあがると、強いんです。これは、どんな分野でもいえることだと思います。私の場合は「人の目を気にしない」の苦手克服。

負けませんよ。今は、人の目なんか気にしない。もともと、先天的に、人の目を気にする繊細な性格だから、人の目を気にするとはどういうメカニズムなのか、認知科学的にも、文化比較論的にも、経済合理性の観点からも、知り尽くしている。もともと人の目を気にしない自由奔放タイプの方はある意味うらやましいですが、そういう人に負けないくらい、人の目を気にしないで何でもできる自信が、今の私にはあります。

誰でも、同じようにできます。苦手なことこそ、得意にできる。どうにだって変われる。「為せば成る」です。

「満喫」する態度を持つと幸せになれる

ひとつ、最近、「人の目を気にしないことの重要さ」について感じた場面があったので、そのエピソードを紹介しましょう。

私が主宰するヒューマンラボには、「感動」の研究をしている学生がいます。人はどんなときに感動するのか。どうすれば人を感動させられるのか。そのメカニズムを明らかにするとともに、実際に人を感動させることのできるプロダクト（成果）を創ろう、という研究です。感動学です。

彼女がゼミ内で研究発表しているとき、ある学生が、「自分は状況によっては感動しないように気持ちを抑制することがよくある」と言っていました。なるほど、理性を利かせた大人の対応かもしれません。しかし、それを聞いた私は、なんてもったいない、と思いました。自らの幸福を奪っているのではないか、と。

そのころ、有名なミュージカルを見に行く機会が二度ありました。たまたま、一度目は妻が、二度目は高校生の息子が隣に座っていました。妻が隣にいたときには、気にせず号泣。感動しました。しかし、息子が隣にいたときには、泣かないようにしながら見ていました。なんとなく、息子の目を気にしてしまいました。息子には涙を見せたくないと思ってしまった。すると、考えてみれば当然かもしれませんが、終わってみたときの感動の度合いが大きく異なるではないですか。とても後悔しました。ああ、私は、あの学生と同じく、感動を抑制してしまった！　と。

つまり、感動するかしないか、共感するかしないか、幸せかどうか、楽しいかどうか、面白いかどうか、乗っているかどうか、やる気があるかどうか、などの感情や気分は、その気になるか、気持ちを抑制するかで、大きく異なりますよね。自分で抑制したせいで、感動や共感や幸福が抑制されるなんて、全くもって、もったいない。もったいなさすぎる。私は、二度と、人の目を気にしてポジティブな感情を抑制するのはやめよう、と思いました。次は、息子の前でも号泣するぞ！　と。

幸福の要因四十八項目に「『満喫する』態度を持つと満足度が高まる」というのがあります（付録㉒）。まさにこれですね。

自分に正直に。「心を開け（オープンマインド）。本気で感じろ」です。

そういう意味では、コンサートで踊りだすアメリカ人やラテン系の人と、大人しく見ている日本人では、もうそれだけで楽しさや感動の大きさが違うと思います。前にも述べたように、笑顔の量とスケールは、アメリカ人と日本人では圧倒的に異なります。これが蓄積されると人生満足度も異なるのではないでしょうか？　ポジティブな気分のときに全体を見渡した俯瞰的な視点に立てることが知られていることですし、私たちは、もっと、人の目を気にしたり恥ずかしがったりせずに、「感動しよう」「共感しよう」「幸せになろう」「楽しもう」「面白がろう」「やる気を出そう」と思って自分を乗せるべきなのではないでしょうか。二度と戻って来れない今を、満喫しましょう。

「普通の人」より「変人」になろう

脳科学者の茂木健一郎《もぎけんいちろう》氏に大学で講演していただいたとき、茂木さんがいきなり腕立伏せを始めたことがありました。講演中に、ですよ。そんなことをするとは誰も思わない。なぜそんなことをしたのかというと、そんな、誰も思わないようなことをすることが大事だ、という話をするためでした。

いいですね。腕立て伏せ。あなたはできますか？　私はできます。みなさんも、ぜひ、いま、やってみてください。今電車に乗っているからできない、という方もおられるかもしれません。いやいや、すいた電車ならできるかもしれません。やってみてください。恥ずかしくない。恥ずかしいかもしれませんが、やれば、乗り超えられます（もちろん、危険な場合や、人に迷惑をかける場合にはやらないようにしてくださいね）。

そんなことをしても意味がない、自分は常識的に生きたい、という反論もあるでしょうね。しかし、それは、幸せになりたくない、ということと等価かもしれないのです。

既に述べてきたように、幸せの第四因子は「独立とマイペース」。人の目を気にしない自分になることは、意外かもしれませんが、幸せになることにつながる。電車で腕立て伏せをして、恥ずかしがる自分を超越するほうが、幸せになる確率を高める可能性があるのです。

もちろん、法に触れるような変人はだめです。社会が許す範囲内で、おおいに変人を目指すべきだと思うのです。

この場合も、既に述べてきたように、因果は不明です。「人の目を気にしない」結果として「幸福」になるのか、「幸福」な人が結果として「人の目を気にしない」傾向をもつのか。

「人の目を気にしない」人は、人との比較によって得られる幸福の持続性が低い地位財(金、モノ、名誉など)を目指さない傾向があるため、相対的に非地位財を目指す人が多く、結果として、持続する幸福を手に入れている確率が高いのかもしれません。つまり、「人の目を気にしない」結果として「幸福」になるのかもしれません。

一方、幸福な人は、既に満ち足りているので、自分のやり方に自信があり、その結果として人の目が気にならなくなるのかもしれません。

やはり、両方でしょうね。因果関係ループのように、「人の目を気にしない」ことと「幸福」が輪になりつながっていて、「人の目を気にしない」→「幸福」→「人の目をさらに気にしない」→「さらに幸福」(→繰り返し)という好循環ループが回っていくのではないかと思います。

だから、茂木さんのように、人の目を気にしない自分を作ることが、幸せの条件なのではないかと思うのです。

もっというと、「変人になれ」です。

みなさん、「あなたは変人だ」と言われたら、うれしいですか、いやですか。

茂木さんははじめ、世の中で活躍している人は、だいたい「うれしい」と答えますよね。独立していて人の目を気にせずマイペースであることの極限が変人。最高の褒め言葉です。変人とは、幸せの第四因子を満たすと楽しいことを、体で知っている人です。変人と呼ばれる人は、なにか人と違ったことをしていて、幸せの第一因子「自己実現と成長」も満たしていることが多いですよね。そして、その独特のカリスマ性で人々を引き付け、第二因子「つながりと感謝」も獲得。

私も最近になってようやく変人と呼んでもらえるようになってきました。うれしいですね。

小さいころは人の目が気になって、ふつうの人でありたいと思っていた。ふつうの人って、やっていることもふつう、友人もふつうの友達ばかり、楽観的か悲観的かというと中くらい、人の目もふつうに気にする、ということでしょうか。それでは、幸せの四つの因子とも、とくに高いスコアは得られないということですよ。つまり、幸福度もふつう。他人を幸福にする力も、巻き込む力も、ふつう。世の中を変える力もふつう。まあ、ふつうという幸せもあるのかもしれませんが、高い幸福度ではない。

それでもいい、という方は、それでもいい。

しかし、一度しかない人生、これまで述べてきたように、ささやかでも自分だけの成長と自己実現による充実感を手に入れ、多様な友達を持ち、楽観的によく笑い、人の目は気にせず、楽しく生きたほうがいいと思うんですよね。その極限が、変人です。

私も、変人になるべきだともっとはやく気づいていたら、自分の人生はもっとエキサイティングだったろうとは思います。今の人生に後悔はしていませんが、もっとはやく変人になっていたら、もっといろいろできただろうなとは思います。

みなさんも、ぜひ、変人を目指してください。「目指せ、変人」です。愛される変人。

引き算のワークショップ

私が所属する慶應SDMの修士課程必修科目「デザインプロジェクト」で教えている坂《さか》倉杏介《くらきょうすけ》さんの「引き算」というワークショップもいいですね。本来は、フィールドワークの一環。自分が日常使っていて、ないと困ると思うものを、一週間か二週間、なしで過ごす、というワークショップです。生活から何かを引くから「引き算」。

例えば、坂倉さんが自分でやってみたのは、一週間、靴を履かずに過ごす生活でした。もちろん、仕事にもいく。彼の場合は電車通勤だったので、裸足で電車に乗ったそうです。しかし、意外と他人は自分の足下を見ていなくて、さほど驚かれなかったそうです。本人が言うには、思っていたほど恥ずかしくなかったとか。困ったのは、いろいろと危険なものが落ちている場所。

学生たちも、いろいろと試みています。右手を引き算した学生もいました。いきなり右手に包帯を巻いて右手を使えないようにして通学していました。家を引き算した女子学生もいました。一週間、大学や友達の家を泊まり歩いていました。携帯とか、財布とか、パソコンとか、化粧とか、テレビとか、電車とか、眼鏡とか、肉とか、いろいろな引き算をする学生がいます。思い切って、それがないと困ると思うくらいのものを引き算すると、気づきも多いですし、面白い伝説もできます。

私もやってみました。地味ですが、財布と時計のない生活を送ってみました。その結果、「なんだ、財布と時計なんかなくても生活できるんだ」という気づきがありました。

本来は、いつもと違う生活をすることによって、普段は気にせず、気づいていない、町や自分の特徴に気づこう、という主観的フィールドワーク体験のための活動なのですが、

「独立とマイペース」の力を鍛え、人の目を気にしない自分を作るためのエクササイズとしても有効ですね。

変人はハードルが高すぎる、という方にもお勧めです。みなさんも、ぜひ、何か「引き算」を体験してみてはいかがでしょうか。

7　守・破・離

四つの因子は「幸福の単純モデル」

幸福の四つの因子についてお話ししてきました。いかがですか。四つの因子についての理解は深まりましたか。

ひとつ、確認しておきたいことがあります。四つの因子は、人間を型にはめるものか、という問いです。

もちろん、違います。四つは大きなパターン。しかも、自己実現と成長は多様。多様な人々とのつながりも多様。むしろ、多様性を推進したい、そのためには、皆が楽観的に、前を向き、つながり、それぞれの目標を目指すような社会になってほしいという思いを込めています。

型にはまった人間は残念ながら幸せになりにくいと思います。たとえば、いい大学に入り、いい会社に入れば幸せ、という型にはまった価値観を共有している社会では、一部の、いい大学、いい会社に入り、そこで生き残った者だけが幸せになり、そうでない者は不幸になります。いわゆる、勝ち組・負け組の論理ですね。これは間違っています。いい大学、いい会社に入ったって幸せになるとは限らない。これは、明らかです。私の周りにも、不幸なエリートがたくさんいます。

そうではなく、多様な人が、多様な価値観を持ち、多様な目標を持つ社会。四つの因子は、それを推進するための目安です。決して、みなさんの幸せを型にはめるものではありません。

しかし、結局、これらを満たさない人を落ちこぼれとして蹴落とそうとしているではないか。たとえば、「型にはまりたい」という人だっているはずだ。そういう人への気遣いが足りないではないか。そうお感じの方もおられるかもしれません。主観的幸福を測ると平凡だけれども、平穏無事を目指すような、静かでふつうの人の幸せを認めないではないか。そんな疑問を抱かれる方もおられるでしょう。

繰り返しになりますが、私は、そんな平穏無事な幸せを否定しようと思っているのではありません。

民俗学者の柳田國男《やなぎたくにお》は、日本で伝統的に大切にされてきた幸福とは、まさに「無事」である、といいます。毎年何も変わったことがなく、農作も祭りも人の交際も同じことが何年も繰り返されていく平穏無事。確かに、そのような幸せも当然ありえると思います。

あくまで、四つの因子とは、現代日本において、幸せに関係する心的要因を、千五百人へのアンケートからまとめたものです。幸福の全体像を俯瞰するときに理解しやすい「幸福の単純モデル」をお示ししたに過ぎません。

もちろん、四つともそれなりに説得力があり、現代日本人が覚えておくと有効な、シンプルな説明だと思うから、時間をかけて説明してきたわけです。とはいえ、これが幸せのすべてではありません。

「守破離《しゅはり》」という言葉がありますよね。日本の武道、華道、茶道、仏教の修行などで使われる言葉です。まず、型を覚える。徹底的に覚える。覚えたら、破る。最後には、離れる。最終的には、型からは自由自在の境地。四つの因子とは、守破離の守のためのものです。理解し、実践し、腑に落ちたら、離れていただきたい。それくらいの意図です。

もちろん、違う道もあると思います。徹底的に、平穏無事を極めた挙句に幸せになるというあり方。あるいは、そもそも、根源に戻り、幸せは目指さないという生き方。そんな自由な生き方を否定するものではありません。繰り返しますが、これは、一つの「幸福の単純モデル」です。

ブータンは幸せな国家か?

たとえば、GNH(国民総幸福量)で有名なブータンの人々は四因子を満たしているのか、というと、私の印象ではかなり違うと思います。むしろ、平穏無事に近い、高望みしない幸せであるように思えます。ブータンを視察したり住んだりした多くの人の話を聞きましたが、ブータンの方は「自己実現と成長」を積極的に目指していないように見えます。仏教を信じる信心深い方が多い国です。日本と比べると物質的に豊かな国ではない。さほど多様な生き方はない。自分は何になりたい、自己実現したい、というような積極的な幸せというよりも、今が平穏だから幸せ、という質素なあり方のようです。

もちろん、私のいう「自己実現と成長」は、これも何度も述べましたが、穏健なものです。進歩主義的でなくてもいい(進歩主義的でもいい。それをみんなに押し付けないなら)。育てた庭の花が美しく、これを見ているだけで幸せ、という静かな感受性を磨くのも、自己実現の一種だと考えています。

私の意図がまちがいなく伝わり、みなさん一人ひとりが、それぞれのオンリーワンの幸せを見つけてくださることを、心より祈っています。

そして、幸せは伝染します。病気がうつるのと同じように、幸せもうつるのです。

イェール大学のニコラス・クリスタキス教授のネットワーク解析によると、幸せな人の周りには幸せな人が多く、そうでない人の周りにはそうでない人が多いという結果が得られています。しかも、幸せな人は人々のつながりを表すネットワーク図の中心に、不幸せな人は端付近にいることがわかっています。

つまり、あなたが幸せになれば、あなたの周りの人も幸せになります。あなたが周りの人の幸せを願えば、周りの人もみんなの幸せを願います。世界中の人が幸せな世界。世界中の家庭がトルストイの言うような幸せな家庭である世界。そんな理想世界を、みんなで目指そうではありませんか。そのための第一歩は、まず、あなた自身が幸せになるために、幸せのメカニズムを理解することです。

みなさんの様々な幸せが、周りの人に伝わり、世界に広がっていきますように。世界中の人が幸せを感じる平和な世界が実現しますように。私がみなさんに伝えたいメッセージは、それだけです。四つの因子は、通過点です。通過するための、ツールです。

さて、次の章は、応用編。四つの因子というシンプルなツールを使いながら、日本や世界はどうあるべきかを考えてみましょう。

第3章　幸せな人と社会の創り方

1　成熟と幸せ

性格・年齢・幸せの関係

二十一世紀の日本の課題の一つは、少子高齢化社会にいかに対応するか、ということでしょう。そこで、少子高齢化社会と幸福について考えてみましょう。

まず、性格と年齢と幸せの関係について考えてみましょう。性格を測るにはいろいろな方法があります。ここでは、性格の分析で定評のある「性格の五因子モデル」について述べましょう。ビッグ・ファイブとも呼ばれ、外向性、協調性、誠実性、神経症傾向（情緒不安定性）、開放性の五つから成ります（名称は研究者により多少異なりますが、ここでは一例を示しています）。類似したものとして、全七十項目からなる村上宣寛《むらかみよしひろ》らによる主要五因子性格調査があり、外向性、協調性、良識性、情緒安定性、知的好奇心から成ります。ひとつ面白いのは、もともとの「神経症傾向（情緒不安定性）」が、村上らの調査では反転されて「情緒安定性」になっている点です。村上らによると、神経症という概念は曖昧でネガティブな印象を与え誤解されがちだから反転したそうです。

さて、性格に、良い性格と悪い性格はあるのでしょうか。

たとえば、外交的だと良い性格で、内向的だと悪い性格なのでしょうか。なんとなく外交的なほうがいいように思いがちですが、外交的な人はいろいろなことに気が散って何かに一人集中するのは苦手かもしれません。内向的な人は思惟《しい》して何かを生み出すことが得意かもしれません。同様に、協調性が高いと独立心が足りないかもしれませんし、協調性が低い人は一人でものごとを成し遂げる力が強いかもしれません。他も同様です。よって、五つの性格の特徴を良い性格と悪い性格に分けるのは、厳密さを欠く危険が伴います。幸福度が高いほうが良いことであるように思えるけれども、平穏無事で幸福度が中くらいのほうがいいという価値観を否定するのは厳密さを欠く、という話と似ていますね。そもそも「良い」とは本質的にどういうことか、という問い自体、決着がついていない倫理学上の論点だというべきでしょう。

とはいえ、おおざっぱにいうと、現代日本社会の一般常識としては、外向性、協調性、良識性、情緒安定性、知的好奇心の高いほうが良い性格であると考える人が多いように思います。つまり、ビッグ・ファイブの「神経症傾向（情緒不安定性）」を、村上らが反転して「情緒安定性」にした結果、すべて、値が大きいほど、一般的にいわれる良い性格になっているように見えます。

というわけで、主要五因子性格調査の外向性、協調性、良識性、情緒安定性、知的好奇心が高ければ良い性格といい切るのは危険、と断ったうえで、これらの性格と年齢、幸福度の違いについて、私たちのアンケート結果を見てみましょう。例の、二〇一一年に行った、十五歳から七十九歳までの日本人千五百人へのウェブでのアンケート調査結果です。

年齢を重ねると性格は良くなる？

性格と幸せの関係については、外交的、楽観的、ポジティブな人が幸せな傾向があることをこれまでに述べてきました。実は、他の性格要因と幸せにも関係があることが、多くの幸福研究により知られています。

私たちが行ったアンケートでも同様の結果が得られました。主要五因子性格調査の外向性、協調性、良識性、情緒安定性、知的好奇心のどれも、主観的幸福と正の相関が見られました。五つとも、すべてです。「性格が良いほど幸せ」です。

しかも、興味深いことに、五つとも、年齢の上昇とともに上昇する傾向が見られました。

すべての年齢で右記の傾向が統計的に有意（統計的に意味がある）というほどではありませんでしたが、いずれも、たとえば、少なくとも十代と七十代では明らかに五つの性格特性に有意な差がありました。もちろん、千五百人すべての方の性格特性のスコアが年齢とともに上昇したというわけではありません。そうだった方が多かった、ということです。

これはどういうことかというと、要するに、私たちの調査の結果、年齢が上昇するにつれて、外向性も、協調性も、良識性も、情緒安定性も、知的好奇心も、そして、幸福度も、上昇する傾向があるようだ、ということです。同じ人の経時変化を比べたわけではないので、言い切ることはできませんが、歳をとるほど、性格は良くなっていき、同時に幸福度も上昇しているように見えます。

年を重ねるということは、いろいろな経験をすることとです。人間、丸くなる、といいますよね。角が取れる。癖がなくなって外交的になる。自分勝手ではなくなって協調的になる。非常識でなくなって良識的になる。神経質でもなくなって情緒安定的になる。目標が見つからずにさまよう時代を超えて知的好奇心が高まる。総じて、現代という時代において、「良い性格」だと思われている方向に、性格が徐々に変わっていく。そういうことなのかもしれません。

「人生とは修行である」といわれることがあります。徳川家康も言いました。「人の一生は重き荷物を負うて遠き道をゆくがごとし」。家康は、人生は苦行だと言います。天下を取った割には、あまり幸せそうではありませんね。

では、修行は苦なのか。いえ、修行は成長のもとです。右の研究結果から考えると、よりよい自分になっていくのですから、「自己実現と成長」への道です。しかも、社交的で協調的になっていくのですから、「つながりと感謝」の力も上昇。もちろん、楽観的で情緒安定的になりますから、「前向きと楽観」の因子もクリア。高度な人格形成は「独立とマイペース」も育むでしょう。まさに、人生とは修行であり、だからこそ、適切に修行すれば、どんどん四つの因子を満たして幸せになっていく、ということではないでしょうか。

近代西洋の進歩主義的な世界観では、成長し発展することが良いこと。機能が低下して衰えることは悪いこと。そう考えられがちです。しかし、もともと、目上の人を敬う東洋的世界観では、年を重ねることは良いこと。老いることは機能の低下ではなく、知恵と経験を蓄えること。老化に対して肯定的です。私たちは、年を重ねることをもっとポジティブに捉えるべきなのではないでしょうか。同時に、もっと、年長者を敬い、年長者の知恵に耳を傾けるべきではないでしょうか。「成長」という言葉を、単なる身体の成長と捉えずに、もっと全体俯瞰力や細かいことを気にしない力の習得と考えるべきではないでしょうか。

生老病死と言いますよね。人生とは、生まれ、老い、病気になって、死ぬことだ、と。老化という言葉には、機能が低下し病気になっていくというような悪いニュアンスが込められているように思います。しかし、本当は、年を重ねるということは、性格も良くなり、幸福度も高くなる、ということなのかもしれないのです。

超高齢化社会を迎えるにあたっての、グッドニュースです。

前章で、年齢を重ねると記憶力が悪くなるが、これも悪いことではなく、細かいことが気にならなくなり、ものごとをポジティブに捉える力が熟達し、幸福になるということなのではないか、と書きました。この話とも呼応しますね。

もう、老いるという表現はやめるべき時代が来たのではないでしょうか。「老いる」は「幸福になる」に置き換えましょう。「老人」は「幸福人」に。

成長期は地位財を、成熟期は非地位財を目指す

人の人生と日本の成長もアナロジカル（類似的）だと思います。

近代西洋的世界観から見ると、人生は成長と衰退という不可逆過程に見えます。国家の盛衰も、発展と衰退。

しかし、幸福学的世界観から見ると、人生は、利己を目指す成長期と、利他を目指す成熟期。国家も、利己的に経済成長を目指す成長期と、利他的に世界への文化的貢献を目指す成熟期と考えるべきではないでしょうか。もちろん、成長期は試行錯誤して幸福を求める時期、成熟期は幸福を実感する時期。前半は、地位財を目指す時期。後半は、非地位財

を目指す時期。そう考えると、人生と国家はよく似ていますよね。

若い人（または国家）は、地位財を目指す。人の場合、身体機能も、知識も、人脈も増える。収入も増える。国家の場合、人も増える。GDPも増える。インフラも整備される。

一方、後半になると、非地位財を目指す。人の場合、記憶よりも知恵。敏感力よりも、いい意味での鈍感力。細かいことよりも、全体俯瞰力。金を稼ぐ力よりも、人格力。国家の場合、成長よりも成熟。とんがっているけれども危うい社会よりも、レジリエント（弾力的）でロバスト（頑強）な強靭社会。経済発展よりも、文化力。アメリカのような若い国家よりも、ヨーロッパのような老練国家。

これからの少子高齢化社会は、人口の増加から減少へ、若者社会から老人社会へ、拡大からシュリンク（縮小）へ、成長から衰退へ、活力から閉塞へ、といわれます。そういう視点が、誤解を呼び、不安をあおっている。衰退ではなく、幸福化なんですよ。

そして、それを阻止するための表現がまた誤解を呼びます。成長戦略、競争力強化、イノベーション、若者がやりがいを感じる社会。どれも、時代は成熟期に入ったと思っている人には響かない。こんな言い方に、若者は違和感を覚えています。ジェネレーションギャップを感じ、辟易《へきえき》しています。そろそろ認識をパラダイムシフトすべきではないでしょうか。

要するに、一言で言うと、地位財だけを求め過ぎる発想が、よくない。これは、二十世紀型の、成長期の価値観。

しかし、地位財中心の価値観を刷りこまれた中年・壮年世代の方々は、主張しますよね。成長だ、活力だ、競争だ。そんなこともわからん若者はダメだ。

もう、やめませんか。こんなふうに、自分たちの世代の常識を他の世代に押し付けるのは。パラダイムシフトしましょう。非地位財の視点へ。成長最優先の発想から、幸福学の発想へ。

2 社会デザインと幸せ

四因子実現社会へ

私は今、ある省庁の「幸せな社会を作る」ための勉強会に参加しています。成長か衰退か、拡大かシュリンクか、活力か閉塞か、という議論は基本的に地位財を対象とした議論で、侃々諤々《かんかんがくがく》、結論が出ません。そこで、それはそれで別途議論を続けるとして、ここでは発想を変え、非地位財としての幸福を第一義に考えた国家づくりを議論しよう、というユニークな会です。官僚の方が、こんな熱い議論をされているんですよ。以前、ある政党のキャッチフレーズだった「コンクリートから人へ」の官僚版ですね。しかも、若い官僚が、有志で、純粋な思いからやっている、熱血版、本気版です。すばらしいじゃないですか。

つまり、思い切って、成長でも衰退でも、どっちでもいい、と考える。そこは、あえて、議論しない（正確に言うと、それは別の場で議論する）。しかし、幸せな国家にしよう。つまり、人々が、「自己実現と成長」「つながりと感謝」「前向きと楽観」「独立とマイペース」を実践できる国家を作る方法について議論しよう、という発想です。

たとえば、街づくりだったら、いろいろな人が集まる仕組みを作る。たとえば、昔の縁側や土間のような、中と外をつなぐ仕組み。しかも、ただ集まるだけではなく、だんだん、集まった人が深く知り合い、互いに自己実現を始めるような仕掛けを。ハードも、ソフトも。多様なベンチ、思わず大人も走り出したくなる公園、気の利いたデジタルサイネージ（電子看板）、拡張現実感の応用、会話をしやすい交通機関、個性あふれる街並み、笑顔を原点とするコミュニティーなどなど。

しかも、「前向きと楽観」を発揮できるような楽しく元気な仕掛けも組み込む。人の目なんか気にせずに、マイペースに自分らしさを発揮できるような仕掛けも。地味に一人でいることもできるし、気がついたら自然に人々と会話を始めることもできるような仕掛け。たとえば、かわいいロボットがいるだけで、それを媒介にして人々の会話が始まります。動植物もそうですよね。スポーツやアートのある街も。いろんなものがでこぼこしていて画一的でない街。

これまでの街づくりは、便利さ、快適さ、安心・安全といった、人々の基本的な欲求を満たすことに重点が置かれ過ぎていて、幸せの四つの因子を育むようには計画されていなかった。だから、都会では、隣の住民が何をしているかわからないし、電車で隣り合った人とは目もあわせないような、「幸せ遮断国家」づくりになってしまっていた。人間中心デザインをしていたつもりで、実は人間を無個性化する悪だくみになってしまっていた。もちろん、時代の要請がそうさせた。時代の必然だった。

街づくりだけではありません。製品も、サービスも、教育も、文化も、みんな、もっと、多様な「自己実現と成長」「つながりと感謝」「前向きと楽観」「独立とマイペース」を育むモノ・コトづくりをすべきなのに、そうはなっていなかった。そうすれば、みんなが幸せになれるのに。

たとえば、マイカー。人を孤立した箱に閉じ込め、他の人とのつながりを阻害する企み。「自分だけ良ければいい」という利己心を育む機械、というと言いすぎでしょうが、そういう傾向がなかったか。これからは、もっと周りとのつながりを育む機械に進化していくべきですし、実際そうなっていくでしょう。たとえば、自動運転、インターネットを介しての周りの車との会話、オープンな近距離コミュニケーターなど。

テレビもそうです。テレビを見ることよりも、運動、園芸、スポーツ、コンサート、旅行のほうが幸福に寄与します（付録㊳、㊴）。テレビは、自己実現にも人間関係にもつながりにくい。受動的で画一的な情報により人を不幸にする傾向があります。「幸せな人は、人との交流の方が楽しいので、テレビを見ない」とはよく言われることです。とはいえ、今後は、インターネットとつながり、双方向性が増すことで、「つながりと感謝」を育む機械に進化していくことでしょう。

車とテレビに限らず、家電も、衣料も、小物も、食品も、住宅も、さまざまなサービスも、従来型の消費は、同様に、物欲や自己顕示欲をあおり過ぎていたのではないでしょうか。地位財で、人の孤立、画一化、没個性化を進める企みです。

社会全体も、そうです。

「生産年齢人口が減り、高齢者が増えるから、経済がシュリンクしてしまう危機」なんて気にしなくてもいい。所詮《しょせん》、地位財は短期的にしか幸福に寄与しないんですから。気にするにしても、最終目標として、ではなく、あくまで幸福という最終目標のための手段として、気にすべきです。「どうすれば今のストックと人口とGDPを維持できるか」ではなく「どうすれば人が多すぎない幸福社会にソフトランディングできるか」をみんなで前向きかつ楽観的に考えればいい。

経済成長は悪だ、と言っているのではないですよ。経済成長してもいい。しかし、しなくてもいい。多様な幸福のための活動が大切なのであって、結果としての経済成長はしてもいいししなくてもいい。そう考えるべきだと思うのです。

人々が、海外旅行をやめて、道ばたの雑草に感動していたら、消費は減りますよ。高い電気製品を買うのをやめて、みんなでたとえば劇を演じるサークルで楽しく過ごしていたら、やっぱり消費は減りますよね。こんなことが頻発するようになると、GDPは減るかもしれません。でも、いいじゃないですか。画一的な製品やサービスを大量に国民にばらまいて消費させてGDPを増やすより、多様で、小さな消費を促進し、それでみんなが幸せになった方がいいじゃないですか。長い目で見ると、実は、ロングテール現象のように、さまざまな雇用を増やし、少しずつGDPを押し上げるのではないかと思います。楽しいじゃないですか。多様国家日本。協創国家日本。多様な幸せ先進国日本。経験豊富で、きめ細かい知恵でいっぱいの、幸せな高齢者だらけの日本。幸せのガラパゴス化。幸せの独自の進化。そして、洗練されたたくさんの複合的幸せを輸出する文化先進国、日本。すばらしいじゃないですか。未来を楽観視する幸せ国家になったら、当然、出生率だって上昇します。

江戸は幸福都市だった

ある意味で、これからの時代は、江戸時代後期のような時代なのではないかと思います。江戸時代前期は、インフラが整備され、人口が増え、GDPが増えた時代でした。これに対し、江戸時代後期には、人口増加がぱたっと止まりました。人口は横ばいの社会。GDPも横ばいです。その代わり、さまざまな文化が栄えた時代でした。

「地位財から非地位財へ」ですね。江戸時代前期は地位財を蓄積した時代。後期は、非地位財に焦点があてられた時代。

進歩主義的な世界観から見ると、江戸時代後期は産業が停滞し人口増加も止まったシュリンク時代(縮む時代)かもしれません。しかし、幸福学から見ると、多様な文化が栄えた幸福時代だったといえるかもしれないのです。もちろん、江戸時代と現代は同じではありません。飢饉《ききん》が多かったことなど、必ずしも幸せとは言い切れない要因もあります。とはいえ、経済発展一辺倒から多様な文化の国家へ、という大きな流れはよく似ていると思いませんか。

要するに、これからの少子高齢化社会は、幸せ社会なのです。ちまたでは、生産年齢人口が減り、一部の人が多くの老人を支えなければならない大変な社会であるとか、成長を前提に作ってきたこれまでのストックがある以上、シュリンクする社会へのソフトランディングは成り立ちえないとか、いろいろな悲観論がささやかれていますが、もっと、楽観的にいきましょう。勤労者の税率が高まったとしても、幸せならいいじゃないですか。みんなを支えるために働いて、自分は自分の幸せを追求すればいい。高齢者の年金が足りなくても、幸せならいいじゃないですか。贅沢《ぜいたく》をしなくても、いろいろなささやかな幸せを感じ取る力を鋭敏にすればいい。人が減り、建築・土木への投資が減ったって、ゆったりと古い家に住めばいいじゃないですか。都心だって、一戸置きに緑地になれば、けっこう素敵な町になりますよ。まさに、江戸時代の江戸のようです。

『シュリーマン旅行記　清国・日本』（講談社学術文庫）によると、ドイツ人のハインリヒ・シュリーマンは江戸時代末期の日本に一ヵ月滞在したそうです。団子坂（東京都文京区千駄木）の丘から眺めると、江戸は森の真ん中にある二つの広大な街のようだったといいます。今のコンクリート砂漠と違って、緑にあふれていたことでしょう。「われわれは数々の美しい庭園と公園を横切って、さらに王子まで旅をつづけた」「日本人はみんな園芸愛好家である。日本の住宅はおしなべて清潔さのお手本になるだろう」「日本人が世界でいちばん清潔な国民であることは異論の余地がない」「この国には平和、行き渡った満足感、豊かさ、完璧な秩序、そして世界のどの国にもましてよく耕された土地が見られる」。すばらしいですね。現代人が失ってしまった、美しかったコミュニティーと、美しかった人々の心。また、戻しましょうよ。美しい国、美しい心に。

みんなで協創し、さまざまな四つの幸せを作っていく世界。地位財ではなく、非地位財。

一人当たりGDPは、大幅には増えないかもしれない。減るかもしれない。しかし、「みんな貧乏でも我慢しましょう」という意味ではありません。「みんなで幸せになりましょう」ということです。満ち足りていれば、我慢ではない。

多様なつながりと自己実現に鋭敏になり、みんなで、物欲まみれではない、心の豊かな日本に作り直しませんか。

武士は清貧だったのか?

いや、やっぱり、我慢はいやだ。江戸時代だって辛かったではないか。「武士は食わねど高楊枝《たかようじ》」。つまり、武士はたとえ貧しくて食事が十分食べられなかったとしても、あたかも十分食べた後のように楊枝をくわえて満足したふりをしていたというではないか。やせ我慢だ。

現代人から見ると、そう見えるかもしれませんね。しかし、それがまさに、地位財重視の強欲資本主義側からの見方なのではないでしょうか。

修行を積んだ武士は、やせ我慢していたのではなく、本気で涼しい顔をする境地に達していたんだと思うんです。それが武士の誇り。清貧の境地。禅の文化の世界ですからね。シンプル・イズ・ザ・ベスト。それがかっこ良かったんだと思います。

例えば、茶道の豊かさ。心を研ぎすませて茶室での静かなたたずまいや出来事を楽しむ境地。華道、武道、座禅も同じです。静かで質素だからこそ、大自然のすばらしさ、生きていることの豊かさが見えてくるのです。

マンガやアキバもクールジャパンかもしれませんが、時代の荒波が通り過ぎた後に残る真のクールジャパンは、日本の伝統と現代が融合した新しい形だと思うのです。だから、大いに古い日本の清貧の思想に学んで創造するべきだと思うのです。

「私欲を捨てる」という言葉も、古来の日本の思想に対する誤解があると思います。私欲は大事だ、でも、手放さなければならない、だから、頑張って捨てるぞ、という思いがこの表現に込められています。しかし、そう思っているうちは、非地位財の側にはいけませんね。捨てるんじゃないんです。それにとらわれすぎないようになるんです。

大切なものを手放してみる

たとえば、フィギュア収集が趣味の人がいたとしましょう。彼にとっては、フィギュアを捨てることは死ぬほどつらいことかもしれません。しかし、そうでない方から見るとどうでしょう。捨てるも捨てないもない。そもそも、買わない。見せてもらったら、「へ〜、こんなもんなんだ」と、多少の興味はわくかもしれない。しかし、捨てるか捨てないかと悩んだりはしない。

同じです。金、モノ、名誉を目指している人がいたとしましょう。彼にとっては、金銭欲、物欲、名誉欲を捨てることは、人生の豊かさを取り去ることかもしれません。しかし、そうでない方から見るとどうでしょう。捨てるも捨てないもない。そもそも、それを目指さない。たまたま手に入ったら、「へ〜、こんなもんなんだ」と、多少の興味はわく。しかし、捨てるか捨てないかと悩んだりはしない。

こういう感じだったんだと思うんですよ。江戸時代の武士。地位財への欲にまみれてはいない。ただし、美味しいものを食べるときは「ほー。珍味だな」と言って食べる。うまいものを食べたいという欲求を捨て去るのではなく、ナチュラルに、あるがままです。美味しいものがあれば食べる。我慢ではなく、自然体です。

そうはいっても、現代人には難しい、とお感じの方もおられるかもしれません。では、街の高級レストランで食事をすることばかりを目指すのではなく、新鮮な食材を家で料理してみんなで楽しむ幸せを目指そう、というのだったらどうでしょう。これは、たくさんの方が日常的に実践していることだと思います。これでいいんです。これも、自然体派、非地位財派、幸福派です。

実は、美しいものを鑑賞したり美味しいものを食べたりすることよりも、美しいものを作ったり美味しいものを調理したりするほうが、幸せに寄与するようなのです。次の節ではそのことについて述べましょう。

3　創造と幸せ

美しいものを創る人は見る人よりも幸せ

私のところの学生だった大曽根《おおそね》悠子《ゆうこ》さんの研究によると「音楽、絵画、ダンス、陶芸などの美しいものを鑑賞する人よりも、それらを創造する人の方が幸せ」なのです（付録㊵）。

大曽根さんは、美しいものを鑑賞するのが大好きだという学生でした。音楽、絵画、ダンス、陶芸。美しいものを見たり聞いたりしていると、幸せな気分になれる。そこで、もっと、アートや文化にあふれた社会にしたい。みんなを幸せにしたい。だから、人々はどんな種類の美しいものを見ると幸せになれるのかを調査したい、というのです。

私は、絵画も音楽もダンスもやった経験があるから、それらを見るよりもやる方が圧倒的に幸せなことを実感しています。個人差はあるのでしょうが、私の場合は、全く違います。天と地です。絵を見るよりも描くほうが、音楽を聞くよりも演奏するほうが、ダンスを見るよりも演じるほうが、圧倒的に楽しく幸せで充実感がある。苦悩もありますけどね。それも含めて、幸せ。

だから、相談の結果、大曽根さんが行ったアンケートには、鑑賞する場合だけではなく、創造する場合も加えることにしました。鑑賞も幸せに寄与するでしょうが、創造の方がもっと寄与するだろうと思ったからです。

結果は明白でした。美しいものを多く鑑賞している人は、思ったほど幸せではありませんでした。美しさの鑑賞と主観的幸福の相関はさほど高くなかったのです。つまり、大曽根さんの期待に反して、美しいものをいくら鑑賞しても、みんなが幸せになれるわけではありませんでした。ショッキングな結果ですね。美術展も、音楽会も、ダンス公演も、陶芸展も、みんな、人々にその場の感動は与えるでしょうが、その人の幸福度には、有意な影響を与えていなかったのです。

一方、美しいものを創っている人は幸せでした。面白いことに、ロックバンドで演奏している人も、管弦楽団の人も、絵を描いている人も、ダンスを踊っている人も、陶芸をやっている人も、華道をやっている人も、料理を作っている人も、何かを創っている人はみんな、幸せな傾向があったのです。驚くべきことに、化粧と幸せにも相関がありました。化粧とは自分の顔を美しくすることですよね。それも、幸福と相関する。しかし、美容整形手術をした人と幸福には負の相関がありました。化粧と同じく美しくなろうとしているのに、不思議ですよね。自分の本来の顔を活かす化粧と、本来の顔を変えてしまう美容整形には、「ありのままの自分を受け入れる」という点で差があるのかもしれません。

面白いですよね。美しいものをただ見ているだけでは幸せになれないが、美しいものを創造している人は幸せになれる。創造は「自己実現と成長」に関係しそうです。

では美しいものを見ても幸せになれないのかというと、私は自分の経験から思うところがあります。美しいものを創ってから鑑賞すると、感動の大きさが違います。だから、「ただ見るだけでなくて、創ってから見よ」だと思うのです。たとえば自分で絵を描いてから見ると、微妙なタッチの難しさもわかる。構図や色の配置の絶妙さも。その絵を描くことがどれくらい難しいかも実感としてわかる。だから、百倍感動できる。そういうことなのだと思います。

ここでわいてくるのは、美しいものに限らず、何かを創造している人は幸せなのではないか、という疑問です。私は、「美しいものに限らず、創造は幸せにつながるのではないか」「しかし、人の個人的感情に直接訴える『美しさ』の創造は、感情に直接訴えかけない創造よりも、より、幸福に寄与するのではないか」と思っています。経験からの推測です。企業時代の新製品の創造は、楽しかった。幸せでした。しかし、それを使って喜んでいる人の顔が見えないせいか、感情に直接訴えてくるところを実感しにくいせいか、どちらかというと幸せさは少しだけ低い。美しいものの創造は、もっと人の幸せに直接響く気がします。

ちなみに、人々のための社会やビジネスの構築など、人の心に響く創造をすることは幸せを高めます。結局のところ、美しい心を持つことが、幸せにつながっているのではないでしょうか。

紫竹おばあちゃんの幸福の庭

美しい心で美しいものを創っている方の具体例として、帯広の夢の庭づくりで有名な紫竹昭葉さんをご紹介しましょう。まさに、美しいものを創造している方です。

紫竹さんは、もうすぐ九十歳というご高齢ですが、元気いっぱい、幸せいっぱいの方です。『紫竹おばあちゃんの幸福の庭』（ＮＨＫ出版、二〇〇八年）などの著作でも有名です。

紫竹さんは、かつて、大学教授の妻として生きた方でした。ところが、五十八歳の時に、おしどり夫婦といわれるほど仲の良かったご主人を亡くされます。それから、悲しくて、悲しくて、毎日泣き暮らしたといいます。そして何年も経った時、娘さんに言われたそうです。

「お父さまが好きだったのは、太陽みたいなお母さまだったのでしょ。いつまでも、そうやって泣いていて、いいはずはないんじゃない？」

そこで、六十三歳のとき、「これから先の（平均寿命までの）二十五年間、何を目的に、どうやって生きていこう？」と自問自答したそうです。そのとき、心の底から湧き上がってきたのは、「花の庭を創りたい」という強い思い。「子供の頃、街の周りに広がっていた、野の花が自由に咲くお花畑を取り戻したい」という思い。

しかし、庭づくりの経験もなければ、資金力もない。若くもない。最初は親戚一同に反対されたそうです。しかし、持ち前の粘り強さで親戚を説得し、花畑づくりが始まりました。畑と牧草地が続く十勝平野に一万五千坪の土地を手に入れ、花を植えはじめました。

それから二十年余り。紫竹ガーデンは、今や、旭川、富良野、十勝を結ぶ北海道ガーデン街道の七つのガーデンの一つにも選ばれていて、毎年十万人もの人が訪れる観光地です。

私も、紫竹昭葉さんに広大な庭を案内していただきました。

とにかく、植物たちは、伸び伸び。農薬は使わない、有機栽培です。種はまいたらまきっぱなし。自然に任せる。北海道の大平原に、おびただしい数の植物たちが、それはもう、伸び伸びと自由に育っています。力強く、美しい。ここを、紫竹さんは、毎日歩き回るのだといいます。そして、来られたお客さんと会話する。

私たち（慶應義塾大学農都共生ラボ視察団一行）にも、トマトやキュウリやアスパラガスやブルーベリーや食べられる黄色い花など、様々な植物を、「食べられるだけ摘んで食べなさい」と言ってくださり、みんなで喜びながらその場で食べました。また、「花は好きなだけ摘んで持っていきなさい」とも言ってくださいました。

ユーモラスで、ユニークで、力強く、お元気な、紫竹昭葉さん。案内してくださった間もずっと、冗談の連発、大笑いの連続でした。そして、みんなを包み込むような優しさ。これからの高齢化社会の、まさにお手本のような、輝いている女性でした。

創造する幸せ

いかがでしたか。「創造」ですよね。これからの「自己実現と成長」。

庭づくりでも菜園でも音楽でも絵画でも陶芸でも文章でもWEBでも料理でも木彫りでも革細工でも小物づくりでも社会づくりでもビジネスでも教育でも。創るものなら何でもいい。素人でもいい。映画、コンサート、演劇、バレエなどの本格的興行でもいい。経済的な成功であってもなくてもいい。GDPに、そんなに貢献しなくてもいい。そう、グローバル・ネットワーク社会は、玄人と素人の境目が曖昧になる社会でもあるのです。マイナーでも（メジャーでも）いい。小さな自己実現でも（大きな自己実現でも）いい。美しさを発見する力と、美しいものを自分で創ることを楽しむ力。

要するに、創造は、これからの「自己実現と成長」（第一因子）の一つの型だということです。前章で述べたように、七十億人が、七十億通りの「オタク・天才・達人」的目標を見つけられればいい。別に、有名でなくてもいい。本人が所属しているコミュニティーの中でやりがいがあればいい。地域の仲間でもいいし、インターネットのコミュニティーでもいいし、組織でもいい。重要なことは、何かを創造していて、小さくてもいいから、自己実現や成長を日々感じていること。

そして、それは、既にお気づきのように「つながりと感謝」（第二因子）にもつながります。しかも、無理をしなくてもいい。近所の人々との緩やかなつながりでいい。何かを教えたり教えてもらったり、何かをあげたりもらったり。ささやかな、しかし、安定してサステナブルな、人々との多様で深いつながりを築けばいい。

これからの少子高齢化社会は、シュリンクしていく不幸社会ではない。それは、見るべき変数を見間違っている。地位財ではなく、非地位財を見よ。これからは、一人ひとりの幸せの四因子をいかに満たすか、の時代である。多様な自己実現とつながりの時代である。金持ちになり有名になりみんなから尊敬されてピラミッドの頂点に立つことを目指すような時代ではなく、それぞれが、それぞれのさまざまなピラミッドの頂上に立ち、そこから満足を得るような、多様化時代である。オタク・天才・達人の時代である。

金持ちにも有名にもならなくていい。自分のできることをコツコツ積み上げて、小さな幸せを獲得すればいい。これまでに例を挙げたように、自然を愛でることでも、創作することでもいい。創造、独自性、成長、感謝、親切、楽観、ポジティブ、マイペース。幸せになるメカニズムを満たせばいい。長く生きている方は、生活の知恵として、幸せになる方法を獲得して実践してきたはずです。

いかがでしょう。年齢を重ねるほど、幸せになれる。紫竹おばあちゃんのように。肩の力を抜いて、できることをやればいい。みんな、できると思いませんか。

4　人材育成と幸せ

教育は幸せに寄与しないか？

　これまで、創造と成長は幸せの四つの因子に関わっていることについて話してきました。特に、創造と成長はそのまま「自己実現と成長」に関わっています。私が携わっている大学教育という仕事は、まさに研究を通して創造を担い、教育を通して成長を担う仕事です。年を重ねるほど幸せになれるという話もしましたが、教育はそれを加速する仕事だということもできると思います。

　ところが、「教育は幸福と相関がない」という衝撃的な結果があります（付録㉙）。なんということでしょう。教育者の存在価値が否定されたみたいでショックです。教育を受けても幸せになれないなんて。

　これは、従来の教育のやり方に問題がある、ということではないでしょうか。学校では、いろいろな知識やスキルを学べる。しかし、知識やスキルを使って仕事をしても、幸せになるわけではない。だとすると、なんのために教育を受けているのでしょう。

　教員の方はおっしゃるかもしれません。教育した結果を使って幸せになるかどうかは本人次第。学校はあくまで知恵やスキルを育むところ。だから、問題はない。

しかし、それはやっぱりおかしくありませんか。

人類のあらゆる営みは幸せにつながっている。したがって、それぞれの営みがどのように幸せに影響しているかを、人々は意識するべきである。私はそう思います。

倫理教育と似ていますね。比べてみましょう。

昔は、科学技術の研究者は「それがどう使われるべきか」という倫理の問題に関与しなくてもいいと考えられがちでした。しかし、原子力からIPS細胞（誘導多能性幹細胞）まで、あらゆる科学技術は、使い方を間違えると人類に大きな影響を与える。だから、科学技術の研究開発を行う者は、「それがどう使われるべきか」を考慮すべきである、というのが現代の応用倫理学の基本的な考え方です。

昔は、人類のあらゆる営みは「それがどう幸せと関わるか」という幸福の問題に関与しなくてもいいと考えられがちでした。しかし、金、モノ、名誉など、あらゆる地位財は、目指し方を間違えると幸福に大きな影響を与える。だから、あらゆる営みに関わる者は、「それがどう幸せと関わるか」を考慮すべきである。これが現代の幸福学の基本的な考え方というべきではないでしょうか。

よって、教育は、幸せに寄与するべきです（もちろん、他の仕事も）。教育者は、教育がたとえば幸せの四つの因子にどのように影響するかを考えてカリキュラムを構成すべきだと思うのです。

そして、私が発足時から中心的に関わってきた慶應義塾大学大学院システムデザイン・マネジメント研究科（慶應SDM）の教育は、私の思うに、人々を幸せにする教育です。そこで、私たちの教育の一部についてご紹介しましょう。

幸せのデザインとマネジメント

慶應SDMは、二〇〇八年に設立された全く新しいタイプの大学院です。学生の過半数は社会人。文系・理系を超えた新たな分野横断型・全体問題解決型の実践的学問SDM学の教育・研究を通して、より良い社会の構築を目指しています。

私たちが行っている授業の一つに、「デザインプロジェクト」という名物授業があります。ユニークな新しい試みとして産官学から注目されています。

ポイントは、従来の教育と異なり、チームで課題解決を行うプロジェクトベーストラーニング（PBL）が基本であること。いわゆるシステム思考・デザイン思考といわれている手法をベースに、チームでブレーンストーミング、フィールドワーク、プロトタイピングを繰り返す「協創」を行います。協創とは、協力＋創造。多様な人が協力して新しくイノベーティブ・クリエーティブなアイデアを具現化していくこと。

長く理工学部で従来型の学問を教えていた私も、最初、チームでの協創には懐疑的でした。みんな仲良くわいわいやっていたって、いい答えなんか出るのか。優秀な人材が集中してソリューションを導く方が近道なのではないか。

しかし、やってみると、とてもパワフルな方法でした。たとえば、ブレーンストーミング。ポジティブなマインドで、批判は行わず、アイデアを皆で大量に出していく。質より量。他人のアイデアに乗っかることを推奨します。すると、一人では思いつかなかったアイデアが、どんどん出てきます。フィールドワークでは、単に世の中のニーズを調査するだけではなく、街に出て現場に入り込んでいって、論理と感性を駆使して体感する。そこから、消費者自身も気がついていなかったような新しいニーズやアイデアが見つかります。プロトタイピングにおいても、プロダクトがきちんと作られているかを詳細に確認するのではなく、段ボールや折り紙や紙芝居や劇でいいから、スピーディーに試作を繰り返しながら考える。手で考える。体で考える。どんどん失敗しながら考える。すると、頭だけでは思いつかなかったようなアイデアが出てきます。

これらの活動が、協創。そして、協創において重視されていることは、幸福の四つの因子と対応します。

① 各自が職場や社会から持ち込んだり企業・事業体から持ち込まれたりした課題を解決することにより、それぞれ、自分の問題の解決と学習が果たせること（自己実現と成長）

② 多様な者がそれぞれの知恵を組み合わせチームで協創することによってこそ、大規模・複雑な問題を解決できること（つながりと感謝）

③ 協創によりアイデアを出したりプロトタイピングしたりする際に、ポジティブな対話やポジティブシンキングを重視していること（前向きと楽観）

④ イノベーションには賛否両論なくらいのオリジナリティーが必要なので、批判を恐れず独自のイノベーティブなデザインを行うことを重視していること（独立とマイペース）

まさに「協創を目指すことは、幸福を目指すこと」です。協創は、ともに新しいものを創造していくこと。創造は「自己実現と成長」につながります。協力は「つながりと感謝」に。そして、協創で重視されるのは、ポジティブであること、つまり「前向きと楽観」。それから、人の目を気にせず自分のペースで何をしてもＯＫ、という「独立とマイペース」です。

新しいものをみんなで創造でき、しかも幸せになれるというのですから、一石二鳥ですね。仕事のできる人間になれる。課題を解決できる。同時に幸せにもなれる。こんな幸せなことはありません。

幸せカルタ

さらに、慶應SDMヒューマンラボでは、協創のための「幸せカルタ」という新兵器も開発しました。次のページに幸せカルタを掲載します。幸せの四つの因子や四十八の項目を、あいうえお順にカルタにしたものです。既に本書で述べた内容がちりばめられています。

本書を読んで来られた皆さんは、それぞれのカルタの思いをご理解いただけるのではないかと思います。それぞれの詳しい説明や印刷用のカルタ（PDF版）は私のホームページにありますので、さらに詳しい内容を知りたい方は、そちらを参照してください。

幸せカルタの使い方はいろいろ。たとえば、私たちのワークショップでは、幸せの四つの因子に従って、幸せな街・モノ・コトのアイデア出しをした後に、幸せカルタを使った強制連想（出てきた言葉から無理やり連想することによって斬新なアイデアを得る方法）を実施しています。ほかにも、もっといい使い方を思いついた方は、ぜひお知らせください。正月に家族でカルタ取りをすれば、幸せの好循環ループが自然と身に付き、みんなで幸せになれるかもしれませんね。

あ　ありがとう。すべてみんながいたおかげ
い　いざというときに頼れる人がいる
う　うつや不安、減って安心、グループ活動
え　エゴより笑顔
お　お金は人のために使え
か　頑張らなくてもいいんだよ
き　偽善も積もれば善となる
く　具象より抽象
け　健康は精神・身体・社会の鑑
こ　子供たち、独立こそが親孝行
さ　左脳前頭葉部を発火させろ！
し　親切は人のためならず
す　ステキな思い出
せ　成長は成功に勝る
そ　そこそこで満足するのも悪くない
た　助け合う気持ちが地域を強くする
ち　地位財よりも非地位財
つ　つながった人の数より多様性

て　哲学とビジョンを持つと世界が見える
と　隣の芝は青くない
な　なんとかなる。ならなかったら、なんとかする
に　人間に生まれただけで運がいい
ぬ　脱ぎ捨てろ。安いプライド、虚栄心
ね　年齢を重ねてわかる有り難さ
の　望まぬ夢は叶わない
は　バーチャルよりリアル
ひ　ピーク・エンドは忘れない
ふ　フォーカシング・イリュージョンの罠
へ　平和が一番。誰もが思うことなのに
ほ　ボランティア、皆の幸せ願うこと
ま　まじっすかー。幸せ半分、遺伝っすかー
み　見るだけじゃダメ。するから気持ちイイ
む　無理をせずあなたのペースでやればいい
め　目指せ、○○○!
も　モノを買う刹那の満足繰り返す
や　やってみよう。やり方がわからなくても
ゆ　許しなさい
よ　「よろしくね!」人に任せてマイペース

ら　楽観という達観
り　利他心は経験が育む
る　ルーレットだよ、人生は
れ　冷淡より温和。冷徹より情熱
ろ　老婆は一日にして成らず
わ　忘れることを忘れるな！
を　ヲタク・天才・達人を目指せ！
ん　んふふ。結婚する私って、し・あ・わ・せ♥

さて、この章で申し上げたかったことは、まず、これからの社会は幸福社会であるということ。閉塞感の時代ではない。そして、歳を重ねるということも、能力が低下していくことではない。幸せになっていくことである。人は、どんどん変化する。成長する。そこに、幸せの鍵がある。社会も、幸せを規範にデザインすれば、これまでよりももっと幸せな社会にできる。

そして、幸せの鍵は、もちろん、幸せの四つの因子。中でも、美しいものや新しいものを創造することが幸せに寄与するという話をしました。最後に、幸せな人を育てる私たちの活動をご紹介しました。

幸せな人が育つコミュニティーでは、幸せが広がっていきます。想像してみてください。広がり始めた幸せの輪。これはさらに広がっていくでしょう。つながりが世界中に広がって、七十億人の誰もが自分らしく楽観的に自分のペースで生きる世界が築けたら、それはもう、楽園ですよね。

そのために必要なことはただひとつ。幸せのメカニズムを理解し、実践すること。

みんなで、みんなの幸せの輪を築いていきましょう！

あとがき

世界中の人に、一人残らず幸せになってほしい。みんなでみんなの幸せを作り上げていくような、幸せな社会を実現したい。遠い道のりだけれども。そのための第一歩は、誰にでもわかる幸せの方程式を導出し、みんなでそれを共有すること。そんな思いで本書を書きました。

私の思いが百パーセント伝わっていることを祈っています。腑に落ちていただけているといいなあ、と。そのために、公私混合の本になりました。最初は客観的に幸福について分析。一方、主観的な話も書きました。

もともと、科学は客観的であるべきだと言われてきました。客観的で、再現性があること。一方で、最近は、主観的な学問の重要度も増しています。一般に、従来型の学問は客観的。最近はやりの主観的な学問とは、デザイン思考、対話型教育、質的研究、臨床医学、カウンセリング、現象学など。対象に入り込んで、論理だけでなく感性も動員し、理解するだけでなく納得し、共感し、感動し、右脳も使って感じる学問。左脳だけで理解し、頭でっかちになっただけでは知識を実感のある形で使えないから、右脳で、感性で、感じることが重視される学問。

つまり、これからの学問とその実践は、左脳と右脳を総動員してわかることが大事だと思うのです。もちろん、幸福学やSDM学はその代表例です。

客観的な幸福学の論理から、主観的な幸福学の体験まで、シームレス（つなぎめレス）に話してきたのは、まさに、左脳・右脳連結型の説明をしたかったからです。公私混合とは、左脳・右脳混合です。

そんなわけで、分野横断的な本を書きました。目指したことは、学問的に、意義があること。左脳的に、論理的に、ご理解いただける本であること。同時に、実践的にも、意義があること。右脳的に、感性で、共感してもらえる本であること。

心から祈っています。みなさんの人生が、幸多き日々でありますように。

本書が、みなさんそれぞれの、生き生きとした人生のために、少しでもお役に立てていますように。七十億人の人類、一人ひとりが、それぞれのやりがいを見つけ、楽しく楽観的につながり合い、それぞれらしく生き、みんな信頼し合い、助け合い、愛し合い、みんなの幸せを願い合うような、幸せな世界が来ますように。がむしゃらに地位財を求めている人たちが、目覚めますように。辛い境遇にある人にも、光明が見いだせますように。辛い悩みも分かち合い、みんなで一緒に解決できますように。自分の幸せしか見えない人が、みんなの幸せを願う方向に一歩を踏み出せますように。ねたみや嫉妬がこの世からなくなり、それぞれが、それぞれの良さを尊敬し合える日々が来ますように。不幸の悪循環ループに陥っている現代社会。これが、幸福の好循環ループに、乗り移れますように。

そんな幸せな未来をデザインするのは、私たち自身です。

私たち人類全員が、幸福社会実現のために、手を取り合って、一歩一歩、いっしょに歩んでいけますように。自分たちを信じ、勇気を持って。力強く。そして、楽観的に。

謝辞

この本を執筆するにあたり、お世話になったすべての方に、心より感謝します。

まず、私の主宰する慶應SDMのヒューマンラボで幸福関連研究をしてきたみなさん、ありがとうございました。特に、佐伯政男君、松本直仁君、蓮沼理佳さん、大曽根悠子さん、市川愛さん、篠田結衣さん。本書の一部はみなさんの修士課程、博士課程の研究成果です。みなさん抜きには本書はあり得ませんでした。情熱的で緻密な研究に、心より感謝しています。また、ヒューマンラボのみなさんには、本へのご助言をいただいたり、カルタ作成のアイデア出しに参加してもらったり、いろいろとお世話になりました。ありがとうございました。

幸福研究の第一人者のひとりであるバージニア大学心理学部の大石繁宏先生には、共同研究などでいろいろと教えていただきました。この場を借りて謝意を表明致します。

お話を聞かせてくださった紫竹昭葉さん、ありがとうございました。達人を育成する幸せについて教えていただくとともに幸福学の実証研究を共同で進めているＮＰＯ法人吉備野工房ちみちの加藤せい子さん、幸福な生き方や幸福を広める経営について御示唆いただいた、首くくり栲象《たくぞう》さん、栗原志功さん、黒沢美香さん、佐藤岳利さん、重永忠さん、野口桂子さん、松川好孝さん、丸尾孝俊さんにも心より感謝しています。ありがとうございました。

講談社の井本麻紀さんには、多くの適切な指摘をいただきました。さすが、聡明かつ感性豊かです。ありがとうございました。また、友人の山川麻美さんには、図の作成、調査、カルタ作成を手伝っていただきました。どうもありがとうございました。

たくさんの友人・知人・学生・同僚のみなさん。ありがとうございます。みんな、家族です。仲間です。みなさんとの、多様な交流一つ一つが、私の人生を形作り、この本はできあがりました。全員のエピソードは書けませんでしたが、本当に、これまで出会ったすべての人とのふれあいが、私の人生を豊かにしてくれました。いや、私の人生はすべて、百パーセント、みなさんのおかげです。ありがとうございました。いつも、心から感謝しています。みなさんの幸せを心から祈っています。

それから、家族のみなさん。みなさんも、もちろん、家族です（笑）。これからも、楽しく、マイペースに、楽観的に、ともに歩んで行きましょう。宇宙の限りない数の生命体の中で、愛する両親の子供として生まれて来れた偶然という必然に感謝します。愛する妻と知り合えた奇跡と、私たちの子供として生まれてきてくれた愛する子供たちとの豊かな日々にも。義父母にも弟にも義妹たちにも甥たちにも従兄弟たちにも従兄弟の子供たちにも、感謝します。みんな、愛しています。みんなと家族としてともに歩めることに、心から感謝しています。これからもいっしょにがんばるぞ〜。

最後に、読者のみなさんに。最後までお読みいただき、ありがとうございました。本というのはすこし残念なものですね。書き手から読み手という一方通行。しかし、それで終わらせたくはありませんよね。みなさん、いろいろな方がおられるでしょう。いろいろな人生があるでしょう。悩みのある方、解決困難な問題を抱えておられる方、希望に燃えておられる方、満ち足りておられる方。それぞれの方にとって、何か気づきがあったなら、こんなにうれしいことはありません。何か少しでも、本書がきっかけになって、何かが動きはじめたなら、望外の幸せです。自分はこう変わった、とか、ここに気づいた、とか、何かお感じになったことがありましたら、ぜひ、教えていただければ嬉しいです。それが、今度は、私が変わり、世界が変わるきっかけになるのだと信じます。循環です。私は授業で「複雑系の科学」について教えていますが、小さなスタートが世界を大きく変えることは「複雑系の科学」が証明しています。あなたの小さなアクションが、大きな世界を変えるのです。いっしょに、幸せな世界を作るための好循環ループをまわしましょうよ。みんなで、七十億分の一のオタク・天才・達人を目指しましょう。何も恐れることはない。やらない理由はどこにもありません。やりましょう。そして、そのネットワークを、築きましょう。輪を、多様な幸せの輪を、いろいろな方法で、いっしょに広げていきましょう。ゆっくりと。着実に。楽観的に。自分のペースで。みんなで助け合いながら。

　未来は明るい。実に明るい。まぶしくて、涙が出てきます。未来は、楽しみと幸せに満ちています。世界中の人々が幸せに暮らす平和な世界を、ともに、目指しましょうよ。

付録　幸福に影響する要因四十八項目

ここでは、これまでに各国の研究者が行ってきた、幸福に影響する要因四十八項目をまとめて記します。［　］内には研究者名と研究が行われた年を示します。本文で参照したものは、本文の参照ページを括弧内に付記しています。

年齢、性別、健康、宗教

① 年齢と幸福の関係。さまざまな研究が行われており、たとえば、子供や老年に比べると中年は不幸な傾向がある［Stone et al., 2010］［林、二〇〇三］、若者よりも高齢者のほうが満足度が高い傾向がある［Diener, 1984］などの結果があります。私のグループの調査では、年齢とともに幸福度が増大する傾向がみられました［蓮沼、二〇一二］。

② 性別と幸福の関係。こちらも多くの研究が行われています。あまり性差はないという結果と、やや女性の方が幸福という結果があります［Diener & Lucas, 1999］［Larson, 1978］。日本での研究では、女性のほうがやや幸福な傾向があるようです［林、二〇〇三］［蓮沼、二〇一二］。

③ 身体的健康と幸福の関係に関する研究も多く行われています。その結果、健康は主観的幸福に大きな影響を及ぼすことが知られています［Edwards & Klemmack, 1973］［Larson, 1978］。興味深いことに、医師による客観的な健康評価よりも、自己評価による健康（自分で健康だと思っていること）のほうが、幸福感との相関が高いことが知られています［Larsen, 1992］。（本文58ページ）

④ 対麻痺患者の主観的幸福は大幅に低下するが、時間が経つにつれて大きく回復するという結果があります［Brickman, Coates & Janoff-Bulman 1978］。障害を受けた者の幸福度は少なくとも五年は元の水準に戻らな

いという結果もあります［Lucas, 2007］。

⑤ 幸福な人は健康であるのみならず長寿である傾向が高いという研究結果もあります［Diener & Chan, 2010］。（本文58ページ）

⑥ 信仰心が高い人はより高い主観的幸福を感じる傾向があるようです［Witter et al., 1985］［Batson, Schoenrade & Ventis, 1993］。ただし、アメリカでは信仰と幸福に高い相関がある一方、日本では信仰の幸福への影響が見いだせない、という研究もあります［金児、二〇〇四］。（本文58ページ）

結婚、対人関係、社会的比較、感謝、親切

⑦ 結婚が幸福に影響することについては多くの研究があります［西隅、二〇〇二］［色川、二〇〇四］［白石&白石、二〇〇七］。既婚者のほうが主観的幸福が高い傾向がありますが、近年その差は小さくなりつつあるそうです［Diener & Lucas, 1999］。我々の調査では、離婚した人の幸福度は未婚の人よりも低いですが、伴侶と死別した人の幸福度は結婚している人の幸福度と有意な差がありませんでした［蓮沼、二〇一一］。（本文59ページ）

⑧ 夫婦の幸福度は子供の誕生後に低下し、子供が独立して家を出るまでそれが続く傾向があるようです［Gilbert, 2006］。（本文59、76ページ）

⑨ 親密な他者との社会的なつながりの多様性（多様な人と接すること）と接触の頻度が高い人は主観的幸福が高い傾向がありますが、つながりの数（接する人の数）は主観的幸福にあまり関係しないようです［松本&前野、二〇一〇］。（本文146ページ）

⑩ 人は自分と関わりのある他の人々との比較によって、自分の主観的幸福を判断してしまう傾向があります［Frey & Stutzer, 2006］。

⑪ 失業者の幸福度は低い傾向がありますが、同じような失業者が周囲にたくさんいる場合はその不幸を痛切には感じないようです［Frey & Stutzer, 2006］。

⑫ 家族・友人関係の満足度と主観的幸福の相関は、日本のような集団主義的な社会では小さく、アメリカのような個人主義的な社会では大きいようです［Diener & Diener, 1995］。（本文77ページ）

⑬ アメリカでは「対人関係の満足度」と「自尊心」との相関が強いですが、日本では弱いようです［Uchida et al., 2001］。

⑭ ボランティア活動や慈善行為は幸福度に大きく寄与します［Frey & Stutzer, 2006］。月に一回同好会の集まりに参加するだけで、あるいは、月に一回ボランティア活動に参加するだけで、所得が倍増するのと同じくらい幸福感が高まるそうです［Helliwell & Putnam, 2007］。（本文57ページ）

⑮ いざという時に頼れる人がいる、と回答した人の割合が多い国は、人生満足度の高い国であったという一三一ヵ国国民調査結果もあります［Oishi and Schimmack, 2010］。（本文57ページ）

⑯ 他人のためにお金を使ったほうが、自分のために使うよりも幸せだという結果があります［Dunn, Aknin & Norton, 2008］。（本文152ページ）

⑰ 感謝（gratitude）が物欲を低下させ、幸福を高める効果をもたらすことが知られています［Polak & McCullough, 2006］。

⑱ 親切心（kindness）に基づく行為を日々カウントすることによって、幸福度は高まるという研究結果があります［Otake, Fredrickson, et al., 2006］。

性格、気質

⑲ 主観的幸福の基本水準は遺伝的な気質によって先天的に決定されているというショッキングな研究結果

があります［Headey & Wearing, 1989］。人格特性や主観的幸福の五〇％程度は遺伝により説明できるという研究もあります［Lykken & Tellegen, 1996］。（本文１５４ページ）

⑳ 多くの研究で「外向的な人ほど幸福」な傾向が確認されています［Lucas et al., 2001］。（本文１５５ページ）

㉑ 幸福度の高い人はよい出来事を思い出しやすく、出来事をポジティブに解釈する傾向があります［Seidlitz & Diener, 1993］。（本文１５５ページ）

㉒ 日常生活の平凡な経験も「満喫する」態度を持つようにすると満足度が高まることが知られています［Bryant & Veroff, 2007］。（本文１９６ページ）

㉓ 人は、良いことが起きると自分の手柄に、悪いことが起きると他人のせいにする、厄介で勝手な傾向を持っています。これは「ポジティブ幻想」と呼ばれています［Taylor & Brown, 1988］。

㉔ 神経症傾向の強い人は幸福感・人生の満足度が低い傾向があることが知られています［DeNeve & Cooper, 1998］［Heller et al., 2004］。（本文１５５ページ）

㉕ 自己統制感（自分で自分を統制しているという感覚）の高い人は低所得でもあまり不幸を感じないことが知られています［Lachman & Weaver, 1998］。

㉖ オートテリック（自己目的的）な人ほどフローを体験しやすいことが知られています［Asakawa, 2004］。なお、フローとは、内発的に動機付けられた、時間感覚を失うほどの高い集中力、楽しさ、自己の没入感覚で言い表されるような意識の状態あるいは体験だといわれています［Csikszentmihalyi, 1975, 1990］。

目標、教育、学習、成長

㉗ 目標達成は幸福感に影響します［Brunstein et. al., 1998］。（本文57ページ）

㉘ 日常的目標と人生の目標の間に一貫性がある人は、人生満足度が高い傾向があります［King et. al.,

1998]。（本文126ページ）

㉙ 教育と主観的幸福の間には有意な相関が見出せないと言われています［前田他、一九七九］。（本文233ページ）

㉚ 成績と幸福感には正の相関がありますが、非常に幸せな人は、もう少し幸福度が低い人よりも少し成績が低い傾向があるようです［Oishi & Diener, 2007］。

㉛ ポジティブな気分になると記憶力は落ちる傾向があります［Storbeck & Clore, 2005］。また、ポジティブな気分は「関係性への着目」を促す一方、ネガティブな気分は「個別要素への着目」を促す傾向があります［同前］。（本文155、167ページ）

㉜ 「抽象的な視点を促す群（学校の成績はおおざっぱにいいか悪いか）」と「はっきりとした基準を促す群（学校の成績の平均は何コンマ何点か）」を比較すると、前者の方が幸福感が高い傾向があります［Updegraff & Suh, 2007］。

㉝ 多様な選択肢がある場合に「常に最良の選択を追求する人」よりも「そこそこで満足する人」のほうが幸福な傾向があります。また「最良を追求する人」の場合、選択し得られたことの幸福感よりも、選択から外したものを得られなかったことへの失望を強く感じてしまう傾向があります［Schwartz, 2004］。（本文156ページ）

収入、雇用、消費、生活、趣味

㉞ 収入と幸福の関係については多くの研究があります。たとえば、「生活満足度」は年収と比例する傾向があるのに対し、「感情的幸福」は、年収七万五千ドルまでは収入に比例して増大するものの、七万五千ドルを超えると比例しなくなるという結果があります［Kahneman, 2010］。同様に、長期的に見れば、

収入と幸福の相関は弱く、収入が増大しても主観的幸福感は高まらない傾向があります〔Diener & Oishi, 2000〕。これを「快楽のランニングマシン（hedonic treadmill）」（人は快楽を求めて常にランニングマシンの上を走り続けるが、きりがない）と呼びます〔Diener, Lucas & Scollon, 2006〕。（本文63、71ページ）

㉟ 多くの研究で、失業が不幸につながることが知られています〔佐野&大竹、二〇〇七〕。失業はその所得損失以上に幸福度を低下させるようです〔Frey & Stutzer, 2006〕。研究者によっては、離婚や別居などの他の要因よりも失業は幸福を抑制するといいます〔Clark & Oswald, 1994〕。（本文66ページ）

㊱ ものを購入する際に「あらゆる情報を仕入れ細かく吟味派」と「ある程度適当でＯＫ派」を比較すると、前者の方がうつ傾向が高く、後者の方が幸福感が高い傾向があります〔Updegraff & Suh, 2007〕。（本文１５６ページ）

㊲ ものを購入することは幸福感とあまり関係がないようです〔Solberg, Diener & Robinson, 2004〕。

㊳ テレビや映画を見ることよりも、運動、園芸、スポーツのほうが高い満足感をもたらします〔Donovan & Halpern, 2002〕。（本文79、２１８ページ）

㊴ テレビや服などの物質的消費よりも、コンサートや旅行などの体験的な消費のほうが、幸福感に強く影響します〔Van Boven & Gilovich, 2003〕。（本文79、２１８ページ）

㊵ 音楽、絵画、ダンス、陶芸などの美しいものを見るよりも、それらを創造するほうが主観的幸福度が高い傾向があるようです。自分の顔を美しくする化粧も幸福と正の相関がありますが、整形は負の相関があります〔大曽根、二〇一二〕。（本文79、２２７ページ）

㊶ スポーツ活動、社交クラブ、音楽・演劇団体、スポーツチームへの参加といったグループ活動は主観的幸福と相関があり、抑うつや不安を低減するといわれています〔Argyle, 1996〕。（本文１５５ページ）

㊷ 幸福度が最も高い上位一〇～一二％の人々は、彼らよりもわずかに幸福度が低い人たちほどには高収入

ではないし政治参加も積極的ではありません〔Oishi, Diener & Lucas, 2007〕。

㊸ アメリカの中高生への調査の結果、労働者階級の子供たちのほうが中上流階級の子供たちよりも幸福感が高いという結果もあります〔Csikszentmihalyi & Hunter, 2003〕。

政治、安全、文化、その他

㊹ 直接民主制（政治プロセスへの参加）は人々の生活満足度を高めます〔Frey & Stutzer, 2006〕。（本文66ページ）

㊺ 冷戦後、情勢不安のあったロシアや、イラクの侵攻危機下にあったクウェートでは、生活満足度は低かったことが知られています〔Veenhoven, 2001〕。（本文66ページ）

㊻ 東洋の集団主義文化においては、満足度と強い相関があるのは、「自尊心」よりも「調和」であることが知られています〔Kwan, Bond & Singelis, 1997〕。

㊼ アジア系の人は将来の目標達成につながる活動に幸福を抱き、欧米系はより刹那的なものに幸福を感じる傾向があります〔Asakawa & Csikszentmihalyi, 1998〕。

㊽ 幸福感の高い人は、左脳前頭葉部の活動が右脳前頭葉部の活動よりも活発だということが知られています〔Ryff, 1989〕。なお、チベットの仏教僧は、左脳前頭葉部の活動が右脳前頭葉部の活動よりも活発だそうです。また、瞑想の訓練を行っている人は、行っていない人よりも、左脳前頭葉部の活動が活発です。よって、左脳前頭葉部の活動は幸福や穏やかな心とかかわっているようです。

参考文献

学位論文（修士論文）

松本直仁「主観的幸福における社会的なつながりの価値の明確化―対人関係ネットワーク構造モデルによる主観的幸福の規定因子分析」二〇〇九年度慶應義塾大学大学院システムデザイン・マネジメント研究科修士論文

蓮沼理佳「幸福・性格・欲求の調査アンケートに基づく幸福感の関係解析」二〇一一年度慶應義塾大学大学院システムデザイン・マネジメント研究科修士論文

大曽根悠子「美しさと幸福の関係解析―審美欲求に着目したアンケート調査に基づいて」二〇一二年度慶應義塾大学大学院システムデザイン・マネジメント研究科修士論文

市川愛「アメリカとフランスに学ぶ日本の地域支援型農業の提案―経済・安全・幸福の視点から」二〇一二年度慶應義塾大学大学院システムデザイン・マネジメント研究科修士論文

（修士論文の一部は、慶應ＳＤＭヒューマンラボのホームページで公開しています）

学術論文・講演論文

佐伯政男、蓮沼理佳、前野隆司「主観的 well-being とその心理的要因の関係」日本心理学会第76回大会発表論文集、二〇一二年九月、1PMB06

篠田結衣、前野隆司「幸せカルタを用いた幸福システムデザイン法」日本創造学会第35回研究大会講演論文集、二〇一三年一〇月、pp. 96–99

前野マドカ、加藤せい子、保井俊之、前野隆司「主観的幸福の四因子モデルに基づく人と地域の活性化分析―ＮＰＯ法人『吉備野工房ちみち』のみちくさ小道を事例に―」地域活性研究 Vol. 5、二〇一四年三月、pp. 41–50

書籍

大石繁宏『幸せを科学する―心理学からわかったこと』新曜社、二〇〇九年
デレック・ボック『幸福の研究―ハーバード元学長が教える幸福な社会』東洋経済新報社、二〇一一年
ダニエル・ネトル『目からウロコの幸福学』オープンナレッジ、二〇〇七年
高坂健次『幸福の社会理論』放送大学教育振興会、二〇〇八年
前野隆司『思考脳力のつくり方―仕事と人生を革新する四つの思考法』角川書店、二〇一〇年
前野隆司『脳はなぜ「心」を作ったのか―「私」の謎を解く受動意識仮説』ちくま文庫、二〇一〇年
前野隆司『脳は記憶を消したがる』フォレスト出版、二〇一三年

WEB

慶應ＳＤＭヒューマンラボ（前野研究室）のホームページ
http://lab.sdm.keio.ac.jp/maenolab/wellbeing.htm
内閣府経済社会総合研究所　幸福度研究のページ
http://www.esri.go.jp/jp/prj/current_research/koufukudo/koufukudo.html

講談社現代新書　2238

幸《しあわ》せのメカニズム　実践《じっせん》・幸福学入門《こうふくがくにゅうもん》

二〇一三年一二月二〇日第一刷発行　二〇一七年二月二〇日第六刷発行

著者　前野隆司《まえのたかし》

発行者　鈴木　哲

発行所　株式会社講談社

東京都文京区音羽二丁目一二―二一　郵便番号一一二―八〇〇一

電話　〇三―五三九五―三五二一　編集（現代新書）

〇三―五三九五―四四一五　販売

〇三―五三九五―三六一五　業務

装幀者　中島英樹

印刷所　凸版印刷株式会社

製本所　株式会社大進堂

定価はカバーに表示してあります　Printed in Japan

N.D.C. 401　257p　18cm

ISBN978-4-06-288238-5

「講談社現代新書」の刊行にあたって

教養は万人が身をもって養い創造すべきものであって、一部の専門家の占有物として、ただ一方的に人々の手もとに配布され伝達されうるものではありません。

しかし、不幸にしてわが国の現状では、教養の重要な養いとなるべき書物は、ほとんど講壇からの天下りや単なる解説に終始し、知識技術を真剣に希求する青少年・学生・一般民衆の根本的な疑問や興味は、けっして十分に答えられ、解きほぐされ、手引きされることがありません。万人の内奥から発した真正の教養への芽ばえが、こうして放置され、むなしく滅びさる運命にゆだねられているのです。

このことは、中・高校だけで教育をおわる人々の成長をはばんでいるだけでなく、大学に進んだり、インテリと目されたりする人々の精神力の健康さえもむしばみ、わが国の文化の実質をまことに脆弱なものにしています。単なる博識以上の根強い思索力・判断力、および確かな技術にささえられた教養を必要とする日本の将来にとって、これは真剣に憂慮されなければならない事態であるといわなければなりません。

わたしたちの「講談社現代新書」は、この事態の克服を意図して計画されたものです。これによってわたしたちは、講壇からの天下りでもなく、単なる解説書でもない、もっぱら万人の魂に生ずる初発的かつ根本的な問題をとらえ、掘り起こし、手引きし、しかも最新の知識への展望を万人に確立させる書物を、新しく世の中に送り出したいと念願しています。

わたしたちは、創業以来民衆を対象とする啓蒙の仕事に専心してきた講談社にとって、これこそもっともふさわしい課題であり、伝統ある出版社としての義務でもあると考えているのです。

一九六四年四月　野間省一